一期一会

天使与魔鬼

日本教育面面观

蒋丰 著

蒋丰看日本

在中国，教育被称为『人生起跑线』

在日本，教育被称为『最强的国防』

上海交通大学出版社

SHANGHAI JIAO TONG UNIVERSITY PRESS

内容提要

被誉为"评介日本第一人"的著名媒体人蒋丰，始终关注中日两国的教育问题，通过30年来的旅日生活经验，用整整80篇文章，多方位多角度地阐述、分析日本的家庭教育、学校教育、社会教育，将日本青少年所面临的困境与危险、困惑与抗争、理想与发展等问题一一呈现，引人深思，是有关日本教育的全面、丰富的书籍。精华与渣滓相依，天使与魔鬼并存，该书所指出的诸多教育问题能为中国的教育事业提供有价值、有意义的参考。

图书在版编目（CIP）数据

天使与魔鬼 / 蒋丰著. — 上海：上海交通大学出版社，2017
（一期一会）
ISBN 978-7-313-15611-2

Ⅰ. ①天… Ⅱ. ①蒋… Ⅲ. ①教育研究-日本 Ⅳ. ①G531.3

中国版本图书馆CIP数据核字（2017）第129454号

蒋丰看日本：天使与魔鬼——日本教育面面观

著　　者：蒋　丰				
出版发行：上海交通大学出版社		地　　址：上海市番禺路951号		
邮政编码：200030		电　　话：021-64071208		
出 版 人：郑益慧				
印　　制：上海天地海设计印刷有限公司		经　　销：全国新华书店		
开　　本：880 mm×1230 mm　1/32		印　　张：9.25		
字　　数：157千字				
版　　次：2017年7月第1版		印　　次：2017年7月第1次印刷		
书　　号：ISBN 978-7-313-15611-2/G				
定　　价：49.80元				

一面是天使，一面是魔鬼

——日本教育现状观察

前两年，两则有关日本天皇嫡孙女爱子的新闻格外引人注目。一则是皇太子反对搞子女教育特殊化，坚持让爱子徒步上学。于是，在报纸醒目位置出现了爱子背着大书包、拼命奔跑的照片；另一则是说爱子因在学校受到欺负而患上"校园恐惧症"，逼得雅子妃亲自陪读。

两则新闻就像一个硬币的两面，一面是天使，一面是魔鬼，折射出日本教育的斑驳现状。

日本是个让我们百味杂陈的国度。从政治和近代史的角度讲，可谓不折不扣的恶邻；但从经济、文化、教育等领域着眼，又给我们提供了另外一种意义上的参照和学习的榜样。不得不承认，日本教育当中有很多值得我们学习的地方。从日本的教育当中，我们可以找到当初其何以雄踞亚洲的答案。当然，精华与渣滓从来都是相依并存的，身为老牌资本主义国家，日本教育也折射出很多社会问题，这对于正处于转型期的中国，也不啻为另一种借鉴。

比如，日本的家庭与教育。作为同属儒家文化圈的国家，日本既重视家庭的作用，更重视家庭的教育。家庭，是孩子进的第一所学校，而家庭成员则是孩子们面对的第一任师长。有什么样的家庭，就有什么样的教育，也就有什么样的教育结果。日本的家庭教育，具有显著的东方文化与西方文化碰撞交融的特征，既强调父母的权威，又不失相互间的平等、尊重。尤其是在从小培养孩子的意志体魄方面，其严苛、严厉程度堪称"虎妈虎爸"。

然而，家庭并不是隔离于社会而存在的。在不良思潮的影响下，日本的一些社会问题也映射到日本的教育当中。校园凌辱、校园暴力、援交……似乎已经成为日本教育的另一代名词。连日本天皇的孙女都能受到同学们的"特殊照顾"，可见日本校园暴力达到了何种程度。所谓"染于苍则苍，染于黄则黄"。日本教育中出现的这些问题，日本的社会环境、社会风气难辞其咎。

此外，透视日本这些年的教育状况，还呈现出诸多乱象。

其一，政府越来越重视，学习环境却越来越恶化。虽然日本政府一直致力于解决少子化问题，但是教育资源短缺、虐童案激增、禽兽教师性骚扰案件频发、儿童色情信息泛滥等，都让校园不再宁静，不再单纯。

其二，学费越来越高，教育质量却越来越低下。日本学园里的不良学生、问题学生层出不穷，即使是日本大学也因为这些年日本政府经费投入上的减少，导致实力下降，世界排名后退，这一切均导致了教育质量的下滑。

其三，学生学习热情越来越少，校园暴力却越来越多。现在的日本学生，没有上进心，缺少学习的动力，安心读书的人越来越少，倒是打架斗殴、侵凌弱小的校园暴力事件越来越多。

其四，改革力度越来越大，改革效果却差强人意。为了扭转教育质量下滑的问题，日本政府近年来也推出了一系列教育教学改革计划，可奈何学生和家长并不买账，认为这是换汤不换药，瞎折腾。结果导致很多改革措施步履维艰，甚至半途而废。

这些教育乱象并非日本一国所独有，作为转型期的中国，类似的情形也时有发生。本人近些年通过对日本教育的观察和思考，陆续写了一些文章，所谓积沙成塔、集腋成裘，不经意间，竟也有几十篇之多。现将其整理成书，其目的不只是观察日本的教育，更是希望通过对日本教育的观察，给我们当下的教育改革提供一些有价值有意义的参考。

当前，中国的教育改革已经驶入了快车道，如何兼顾教育的效率与公平，是我们必须要关注的问题。同时，日本教育中出现的校园暴力、色情、网络沉迷等问题，在中国的学校里也并不鲜见。如何杜绝这些问题的发生，还校园以原本的纯真与简单，中日两国在这方面也都有很长的道路要走。

目录

家庭与教育

困境与危险

困惑与抗争

理想与发展

皇家教育"观"

家庭与教育

小学生双肩书包装满传统文化

稚嫩的肩膀上边，背着方方正正又很卡哇伊的双肩书包……这是日本小学生走在道路上的常见身姿。这种典型的日本小学生形象，可不是"主要靠气质"，说起来，他们身后的那款双肩书包作用不小。

如今，日本小学生的双肩书包不但在日本占据着重要位置，而且成为"日本制造"走向世界的又一代表。随着访日外国游客飙升，日本双肩书包已经作为一种时尚和文化，迅速被不少国家的民众了解和接纳。有些知名品牌的双肩书包不但设计和材质高大上，价格也相当不菲，少则三四万日元，多则六七万日元。但是，这依然没有阻挡外国"剁手党"购买的热情。比起绝大多数外国人对日式书包工艺及质量的热捧，日本人其实有着更多的感情投入和文化坚守。

第一，双肩书包是日本人长期引以为豪的"匠人"传统的忠实体现。比起那些颇具产业形象的"日本制造"，以小学生为消费主体的书包可谓是十分低调，深藏不露。然而，这一商品却凝聚着日本的手工匠人一针一线的技术绝活，堪称日本匠人的"巨作"。

知名书包制造商"大峡制包"的技术人员介绍，日本精湛的双肩书包中的手工技术含量不亚于高端汽车，很多书包里甚至采用了与奢侈运动系汽车 LFA 相同的材质。因此，对双肩书包的钟情，也是日本民众对"匠人文化"的一种坚守。

第二，双肩书包与日本的动漫因素相互辉映，形成了独特的小学生文化。动漫正日渐成为日本面向世界的文化软实力之一。而书包文化也深刻体现在日本动漫作品中，比如在人气颇旺的《名侦探柯南》、《哆啦A梦》中，均有背着日式双肩书包的卡通人物登场，其形象深入人心。对书包文化的坚持，客观上已经成为日本人通过实际行动对本国动漫文化的自觉传承。

第三，双肩书包是日本小学生的身份符号和社会标志。款式统一又各有小特色的书包，是向外界释放"我是小学生"的最好信号，伴随着日本小学生的学习与成长。日本一般实施6年小学制，日本书包生产商也一般将书包产品质保期设定为6年，与小学生的生活保持同步。6年这一时间的设定，不但有对自身质量和服务的自信，更多体现着对作为消费主体的孩子们的一种人文关怀。而且，书包一定程度上还充当着小学生"护身符"的角色。独特的"大砖头"式款式设计，加上精挑细选的材质选用和技术含量，小学生书包在小主人后仰跌倒、被外来行人、自行车等冲撞时，还能起到缓冲的保护作用，一度被不少日本妈妈视为孩子的"守护神"。

直到现在日本小学生们依然背着多年未变的双肩书包，其实与价格、款式和人气关系不大，更多体现了一种文化传承。而且随着海外知名度的不断提高，承载着日式文化的双肩书包，还可能成为展示日本传统特色的又一载体。

日本学生英语差究竟怨谁？

　　说起日本人的英语水平，是连他们自己都会用"蹩脚"来形容的。2016 年 4 月 4 日，日本文部科学省公布了 2015 年度日本中学生"英语教育实施状况"，高三"英检准 2 级"（相当于托业 450 分左右）的学生比例为 34.3%，初三"英检 3 级"（相当于托业 340 分左右）学生比例为 36.6%，虽然比 2015 年增长 2 个百分点，但与日本政府"2015 年达到 50%"的目标相距甚远。日本民众开始抱怨，这么多年日本政府究竟干了些啥？

　　此次调查是 2015 年 12 月由文部科学省发起的。各都道府县教育委员会，对 13 000 所公立中学进行了调查。据统计，千叶县的初三学生英语水平最高，达到了 52.1%，是唯一一个完成日本政府目标的县。而国际化程度更高的东京仅有 47.9%。其中，初三英语水平最差的是高知县，仅为 25.8%。高三学生的英语成绩更令人担忧，完成日本政府目标的都道府县数量为零。群马县高三学生的英语程度最高，达到了49.4%。最低的则是冲绳，为21.8%，也就是说，冲绳县高三英语达标率仅为2成。

与此相对，2013年，"国际商务交流协会"对48个国家的托业成绩进行了调查，其中，日本人平均成绩为512分，位列第40位，而中国则以716的平均分夺得第12名，韩国也以632分的成绩，获得第30名。日本人的英语水平在中日韩三国之中最差。

日本经济水平比中韩发达，国际化水平也相对较高，那日本人的英语为何如此之差呢？

首先，日语语法、发音与英语格格不入。英语的动词在宾语之前，而日语的动词则出现在宾语之后。比如说，最简单的"我爱你"，用日语表达则是"我你爱"。这让日本学生学习英语非常吃力。除了语法上存在巨大差异外，发音也是让日本人头疼的难题。日语语言系统相对简单，学会五十音图，便可以解决大多问题，但这难以应付多变的英文发音。比如日语里面并没有"V"的发音，因此，只能用类似的日语代替，这种日本式的发音或许只有日本人能听懂。

其次，日语造词能力差。虽然中国现在使用的很多词都属于"日本制造"，如：宪法、经济、共和等等。虽说是"日本制造"，但究其本质是"汉语创造"，这些词其实是"借壳上市"，本质都是汉语，发音也由汉语而来。随着日本汉学水平的下降和外来词语越来越多，日本人也越来越懒。为了省事，日本人就把很多英语词汇直接用片假名表示。然而，这种方法也有一个致命缺点，看似日本与英语越来越近，实际上却是越来越远。日本人记住的都是"日式英语"，并不是真正的英语。当看到英语时，就大眼瞪小眼，谁也不认识谁了。

最后，岛国性导致与外界交流差。日本是个岛国，有很强的文化保守性。虽然，西方文化大量涌入，日本国际化程度也渐渐提高，但很多日本人依旧喜欢保持日本传统。而且，发音差也让日本人羞于开口说英语。事实上，韩国与日本属于一个语系，但韩国的英语水平要更高，有人说："这是因为韩国位于朝鲜半岛，大陆归属意识更强，与外界交流时更自信。"的确，日本固有的岛国性与外界交流时确实有些不自信。

种种原因造成日本中学生英语成绩落后中韩，这不是一时半会能够解决的，以上这些思考或许能从根上找到一些原因。

"制服控"源于仪式文化

　　每年的 3 月底 4 月初，是日本新一学年的开始，在樱花飘香的春光下，日本中小学新生也将迎来期待已久的入学仪式。之所以说期待，不仅因为它预示着学生甚至家长又一年新生活的开始，同时更是一个可以热热闹闹大搞"仪式"的时机。

　　说起来，最具仪式感的当属中小学生们的制服。日式制服在意义上类似于中国的校服，得体、正式、整齐划一。一来在形式上，似乎更为"成人化"，例如男生则西装领带，女生则套装套裙。二来在价格上，可谓"不菲"！日本拥有成熟的学生入学制服市场，也可以定制，但花费少则三四万日元，多则七八万日元，还不乏更高档的商品和品牌。可以说，其开销一点不逊色于成人就职工作购买的职业装。更有意思的是，据日媒报道，绝大多数父母表示，这笔费用着实让家里的财务状况狠狠地紧张了一次，但这是孩子的人生大事，咬牙也得坚持。更有甚者，为体面地送孩子入学，有很多家长不惜借钱购买好的学生制服。

有人不禁会问，对于入学，孩子是一种期盼，家长是一种期待，其"履新"的心情可以理解，必要的物质准备自然不可或缺。然而，花大钱就为了这一次性的入学仪式么？至于吗？你还别说，对于日本人而言，还真至于！

虽然入学只是日本社会生活的一部分，但其存在感并不亚于其他。更为重要的是，之所以全国上下均要大张旗鼓地"兴办"入学仪式，与日本人向来无法割舍的仪式感密不可分。

第一，入学式是培养孩子社会仪式感的重要课程。日本作为一个相对发展完善、成熟的现代社会，其标志之一就是各行各业的仪式感十足，这充分体现在服装上。无论是政客、公务员和公司白领，还是电车、公交车和出租车司机，甚至包括工地建筑工、垃圾回收工等工作群体，都有着严格和统一的职业装要求。这不仅是业务规范的需要，更是日本树立行业意识、集团意识的有效方式。对于初入校门的学生，身穿得体正式的制服，正是上述意识培养的"第一站"，有着超越"人靠衣装马靠鞍"的积极意义。

第二，制服制度有助于向孩子释放接受"约束性"教育的信号。日本社会崇尚"内敛"，以维护人际和谐与社会稳定。然而，这并非日本人天性，更多依赖后天教育。学校是重要的约束性教育场所，在父母爱护和家族包容下的孩子，当入学时，制服的强化使用，可以及时树立孩子即将融入有规矩、有纪律、有集团性的意识，进行自我调整。

可以说，为了新生入学制服，日本人"兴师动众"，即便囊中羞涩也要"打肿脸充胖子"，其背后更多的是传统的社会文化和教育理念在推动。然而，学生制服的深层次意义并不能遮住它现实的某些"丑"，因买不起制服而拒绝参加入学仪式的家庭也不在少数。形式大于内容的制服，也酿造了这种现实的不平，对一些贫困家庭造成尴尬和压力。似乎，制服的是与非，不能一概而论。

"超级育儿法"让顽童变超人

最近，日本颇为"奇葩"的儿童严寒教育，在朋友圈等各种社交媒体上悄然成为热议话题。其实，日本各种眼花缭乱的育儿方法中，还有更为"奇葩"的"超级育儿法"，眼下正在成为全日本幼儿教育领域的"黑马"，倍受关注。

日式"超级育儿法"的主要载体是"超级幼儿园"，说起来，这种幼儿园可谓种类繁多，各有特色。如位于埼玉县的稻穗保育园，园舍全为木造，庭内有山有树，却没有一个游乐设施，取而代之的是放养的狗、马、驴、鸡等小动物，其教育宗旨是培养孩子的感知能力，被称为"最不像保育院的保育院"。

再比如位于神奈川县的若木保育园着重提高孩子体能。每年 10 月左右，年仅 2 岁左右的孩子们就要到附近山脉，接受反复登顶的体能训练。作为毕业纪念，保育园还会在充分训练后，组织 5 岁的孩子攀爬对于成人来说也颇具难度的富士山。

在令人瞠目结舌的"超级幼儿园"中，尤为受到追捧的当属"横峰超级幼儿园"。这里的孩子们，个个都能骑跳超出自己身高两倍多的障碍木，可以倒立行走，每日行走距离数公里，在园期间人均读书量高达 1 500 册。这种全面的潜力型教育秉持三大基本理念，即挖掘竞争意识、培养模仿能力、树立认同感。

比如为提高竞争意识，赛跑时往往高学年儿童被安排在低学年后面几十米，孩子们若不使出浑身解数便胜利无望。在鼓励模仿时，往往让低学年儿童观摩高学年儿童的各种表演，以激发孩子们"我也想变成那样"的欲望。培养认同感时，往往避开一味的夸奖和赞许，只对孩子通过努力实现目标给予肯定。

对于这些寻常幼儿园难以做到的教育法，日本各界褒贬不一。有些学者批评指出，孩子单纯的天性就这样被扼杀，缺乏人性。然而，这样近似极端的幼儿教育若结合日本民族性格和社会现状，既有着不少科学合理的因素，又似乎颇符合其现实需要。

一是有利于传承日本民族忍耐、坚毅的品格。"超级育儿法"大多建立在"树人"的理念上，和"严寒教育"等一样，意在让孩子从小建立完善的人格，敢于吃苦耐劳是最重要的内容之一。多数日本教育家将此视为日本人的根本，予以推崇。

二是迎合苦于育儿的专职妈妈。母亲是现代日本家庭育儿的主体，有时甚至是唯一主体。这让培养孩子的压力，大多落在母亲身上。而承担相夫教子等家庭重任的女人，往往缺乏以一己之力教育孩子的自信，对从保育园开始的学校强化教育寄予厚望，这让"超级教育法"受到绝大多数妈妈的坚决支持。

三是日本社会生存危机感与日俱增。日本社会经过高度成长期后，最近 20 多年正在逐渐进入一个瓶颈阶段。影响之一就是新生代生存压力不断加大，但同时生存能力急速恶化。比起考虑如何保护孩子的所谓天性，越来越多的教育人士和父母则更加焦虑如何让孩子具备强大的生存能力，甚至成为"小超人"。

无论是小超人还是小顽童，孩子的成长和发育要基于规律。但是，这个规律也会随着时代的发展而变化。日式"超级育儿法"虽然是非颇多，但是从培养孩子坚韧品质的角度看，也不乏积极意义。

严寒教育并非要风度不要温度

2015年，日本的冬天算是"暖冬"。不过，冬天毕竟是冬天，让一群稚气未脱的孩子光身赤膊在寒风中又是跑步、又是冬泳、又是洗冷水澡的，画面残酷得让人有点不敢看。虽然严寒健身在许多国家并不少见，但像日本这样从娃娃抓起的并不多。

冬季的日本，往往能够看到一些让人"起鸡皮疙瘩"的场景。年轻妈妈在大雪纷飞的早晨，牵着年幼女儿等待去幼儿园的班车，母女两人是清一色的露腿短裙；严寒天气里的幼儿园中，男童女童们个个短裤短袖参加运动会，而观众席上的父母没有丝毫担忧之色；寒潮来袭时，小家伙们依然是单衣单裤四处跑。

其实，日本孩子们衣着单薄，既不是因为岛国的冬季很温暖，也不是因为傻小子睡凉炕——全靠火力旺。在日本，"耐寒"既是一项修行文化，又是一门成长教育，有着较深的传统和历史。

长期以来，日本都非常重视与自然融为一体的价值观。虽然作为发达国家，日本几乎所有公共场所和设施在冬天都配备有空调、电炉等取暖工具，但日本仍然将儿童列为受寒教育的"强制"对象。日语有一句谚语："儿童是风之子。"一是表明儿童是天生体格抗寒的个体，二也包含着人与自然应该浑然一体的意思。走出呵护有加的室内，感受自然的四季变化，特别是用身体体会特殊的寒冬，十分贴合日本自古以来的生活理念。

而且，"耐寒体验"还是日本武士文化与木建文化精神的续存。日本曾拥有近700年的武士时代。武士道是日本特殊的历史文化，其精神核心是重视衣着简朴与生活朴素，追求用人的原始力量发展和锻炼自身。此外，木造房屋作为日本代表性建筑形式，在结构上亦无法完全拒严寒于门外，这也促使日本人更加适应寒冷，有些人甚至喜爱那种寒冷的感觉。从日本儿童的严寒教育中，就能够窥视到上述两种传统文化的影子。

此外，日本还有以寒修行的民俗。其实，不仅是儿童，日本各地迄今都盛行着各种在寒冷中修养身心的做法，例如飞流急下的"瀑布浴"、大雪地带东北地区的裸身雪浴等。成年男子们仅一条"遮羞布"在漫天大雪的世界里呐喊前行，其中传达的不仅是锻炼健壮体格的信号，更是净化心灵、强化意志的精神。在这种传统文化的包围下，被视为民族未来的儿童，自然十分有必要接受这种教育。

诚然，日本的严寒教育包含历史、文化和社会等诸多因素，但是对于儿童来说，促进身体健康、增强免疫力的好处却是显而易见的。这种"奇葩"的锻炼方式，并非只是像一些爱美女性那样"要风度不要温度"，而是日本最大限度挖掘儿童身体和意志潜力的一种方法。从这方面说，耐寒教育还是有积极意义的。

学生躲进厕所吃饭究竟为哪般

　　想必很多喜欢日剧和动漫的人都会注意到这样一件有趣的事，剧中在学校被同学们用各种方式排挤的人，在午休时间会选择躲在厕所里吃午饭。日本人甚至还据此造出了一个新的词汇"便所饭"，即"厕所饭"。说起来，日本厕所的干净程度是全球公认的，但即便是一尘不染，在厕所里吃饭也是一件让人听起来就觉得倒胃口的事情。那么，日本人为什么会躲进厕所吃午饭呢？

　　日本著名精神科医生町泽静夫把这种现象命名为"午饭同伴综合征"，这一类人如果是独自一个人在食堂等人数众多的环境就餐，便会产生诸如"我是一个毫无价值的人啊"之类的不安想法，为了逃避他人的目光，这类人选择了躲进厕所里吃饭。可不要以为这只是少数人因不合群而产生的怪癖。2013年，日本媒体就对"厕所饭"做过调查，结果显示受访者中大约12%的人有过在厕所里吃饭的经历，其中以20

岁左右的年轻人居多。

因为在意别人的目光而选择委屈自己，这在经常拼桌吃饭的中国小伙伴看来似乎有些不能理解，那么日本人为何这样"死要面子活受罪"呢？主要有这样两点原因。

首先是日本人的集团意识。在古代日本，武士道最为重视的就是君臣戒律，可以"君不君"但绝不可"臣不臣"。评判一个武士是否合格，并不是看他是否对国家有何贡献，而是看他是否忠诚于自己所属的集团。旧时的日本有一种文化叫做"村八分"，按照江户时代《御定书百条》的规定，村民之间的交往有十"分"，即：冠、婚、丧、盖房、火灾、疾病、水灾、旅行、生育、忌辰。如果某个村民因违反规矩而被实施了"村八分"，就意味着全体村民要在上述的十"分"的交往中与他断绝八"分"。只剩下葬礼和火灾的两"分"交往。而被全体如此对待的村民再继续在村中生活下去是非常艰难的。当然，随着时代的进步，"村八分"的文化已经大部分消失，不过由此也真的可以看出来，集团对于日本人生活的重要性。

另外是日本人的"他我"意识。日本社会心理学家南博先生认为人的意识可以分为两个部分，一个是自己认识到的自己，也就是"自我"意识；另一个是通过他人认识到的自己，被称为"他我"意识。日本人的"他我"意识较其他国人而言更加强烈，他们非常在意他人的目光，并且会表现出高度的"自觉性"。比如日本人的说话方式非常"暧昧"，让其作出明确判断时，往往会顾左右而言他，很少直截了当地说"不"或明确地拒绝别人。日本年轻人中流行这样一个词——"KY"（空気が読めない），他们认为懂得"阅读空气"非常重要，而不懂得察言观色的人则往往不受欢迎。

为了不让落单的学生躲在厕所里吃午餐，不少大学都在食堂推出了"单人座"，即在可容纳 6 人的餐桌中间放置 50 厘米左右的半透明塑料板，将原本的大桌隔断成一个个单人座位。这样即使不认识的人坐在一起也不会感觉到尴尬。"单人座"的出现受到了不少好评，不光是落单的学生觉得松了一口气，就连很多老师也表示这一做法很人性化。

其实在我看来，"单人坐"的设立确实将一部分落单的人"解救"出了厕所，不过关键的问题还是在于人际关系是否有问题。一味地选择像鸵鸟一样将头埋进沙土里，不如跳出来看看自己究竟存在什么问题。毕竟餐桌上的"塑料板"不能成为今后生活交际中的"保护伞"。

家庭大手笔教育投资背后的失败

比起当年老夫子那句近乎歇斯底里"学而优则仕"的呐喊，如今"读书改变命运"的口号可能更加给力。为人父母，哪个不肯节衣缩食供孩子读书？哪个家庭不是日子再拮据对于孩子的教育投资上也不手软？在日本这样一个学历社会就更不必说了，要知道，日本大大小小公司发工资时是暗中考虑学历的。

日本媒体算了这样一笔账：一个孩子如果从小学到大学都读私立学校，他的家庭就要在他身上投入 3 750 万日元（1 万日元约合 780 元人民币，2012 年汇率）的学费。其中，小学 6 年需要 950 万日元，中学 3 年需要 500 万，高中 3 年需要 350 万，大学 4 年又需要 650 万，剩下的 1 300 万日元是私立学校安排去国外交换留学所需的费用。

日本私立学校一向重视培养学生的英语能力，所以在高中和大学的教程中都会编入 1 到 2 年的国外交换留学课程。

在全球化加速发展的今天，不具备较好的英语能力简直就无法在日本社会就业，所以日本一些家长们哪怕是申请教育贷款，也要供孩子读私立大学，并让孩子在大学期间积极参加学校组织的交换留学。

因此，各种教育贷款服务在日本应运而生，其中有国家运营的，也有民间银行运营的。2012 年 11 月 28 日，日本政策金融公库也公布了一个调查结果，在 5 083 个申请了国家教育贷款的家庭当中，2012 年的教育投资平均比 2011 年增加了 3 000 日元左右，教育投资已经占到家庭年收入的 38.6%，创下了近 10 年的最高记录。

那么，如此高昂的教育投资如何保障呢？有六成的家庭回答："削减教育费以外的支出。"如果孩子从小学到大学读的都是公立学校，则小学 6 年的平均费用是 260 万日元，中学 200 万日元，高中 150 万日元，大学 340 万日元，合计就是 950 万日元。算来，送孩子上私立还是公立，中间的差额居然有 2 800 万日元。

正因为这样，大多数经济条件不太好的日本家庭都希望能把孩子送到公立学校读书。这就导致了公立学校的入校竞争率超高。于是，很多家庭又被迫改送孩子去私立。从这些数字还可以看出，无论是公立还是私立，日本小学的学费都要比中学和高中贵出许多。这个问题的症结就出在"补习班"上。

　　日本的小学生一般是从四年级开始上补习班。有些家长觉得孩子太小，没有必要上。但是，放学后孩子看其他同学都开始去上补习班，自己就会提出也要去。否则，做家长的面子上也会挂不住，就想反正四年级学生的补习费也不贵，那就送孩子去吧。

　　日本金融专家将这种做法比作"上贼船"。因为随着学年的增长，补习班的"花样"越来越多，模拟考试、寒暑假集中补习等，费用是一个劲儿地上涨。到了小学六年级，每年光是交补习班费就需要 100 万日元以上。一般普通的日本家庭，收入增长是跟不上学费上涨的。这样，就有一些家长想中途打"退堂鼓"。

　　不过，每逢此时，补习班的老师们都会拿出一套强有力的说辞，问道："这不是让孩子半途而废吗？这样一来，此前的教育投资就都打水漂了，将来孩子会后悔，大人也会后悔的。"世上有哪一位家长愿意承担日后的这种后悔呢？日本金融专家畠山雅子指出，教育投资已经把日本的很多家庭都逼成了慢性"困难户"。

　　令人不可思议的是，在日本社会，越是在教育上舍得花钱的家庭，孩子越容易被培养成"啃老族"。这些家庭出身的孩子从小听到的都是"钱的事情你不要管，你只管给我好好读书"之类的话，久而久之，他们对金钱的感觉就渐渐麻木了。在这种声音里成长起来的孩子，啃起老来真的是一点儿商量都没有。

据了解，有一个家庭居然养着一位 40 多岁的中年"啃老族"。他从小只要是好好读书，父母就要什么给什么，结果造成他只能读书，不会工作，就业失败后一直"宅"在家中。父母那数千万日元的教育投资收不到成效，还得继续管他吃喝，为他支付网费、手机费、国民保险等等，每月平均就需 5 万日元。

"穷什么都不能穷了孩子"，"不能让孩子输在起跑线上"，基于这种"教育观"，在儿女的教育投资上，不惜一切地大把花钱，无论是日本还是中国，许多父母都是相同的心境！但是，如今无论在日本还是在中国，年轻的乃至中年的"啃老族"都在日益增多，人们是否应重新审视这种"教育观"呢？

交通安全教育"从娃娃抓起"

　　"过马路左右看，不在路上跑和玩"。这句话是 20 世纪 80 年代中国一些小学课本上的顺口溜，很多人可能到现在还耳熟能详。随着机动车数量的急剧增加，交通事故已经成为中国青少年的最大伤亡原因，每年有超过 2 万名青少年因交通事故伤亡。当一起起惨烈车祸发生时，人们发现，很多青少年不知所措、处置失当，丧失了最后的避险机会。交通安全意识缺乏，已成为中国未成年人健康成长的重大隐患。

　　侧过头来看邻国日本，是青少年交通事故率最低的国家之一。2000 年日本交通事故伤残者中，19 岁以下青少年所占比率为 26.5%。2013 年这一比率已经下降为 14.3%，远低于世界平均水平的 30%。交通安全教育在其中功不可没。

　　日本青少年交通安全教育主要有两个目标：减少事故中的伤亡率；培养未来遵守规则的"交通社会人"。日本学者认为，涉及青少年的交通事故，很多与他们性子较急、缺乏经验的年龄特性有关。一旦遭遇交通事故，这些弱点可能是致命的，所以必须通过全方位、全覆盖的教育，让青少年从小养成"条件反射"式的良好习惯。而且，如果不在青少年时期形成正确的交通安全意识，成人后他们还将成为潜在的"马路杀手"。

为此，日本文部省根据实际情况，制定了青少年的安全指导守则，明确规定了各个机构的交通安全教育目标和内容。由中央研修会和各都道府县研修会等为学校教员举办交通安全指导员培训班、安全教育指导员研讨会、学校安全研究协议会等，提高学校教员的素质和实际指导能力。

此外，文部省还委托安全教育普及协会开展调研，调查各个学校如何对学生进行交通安全教育以及教育效果如何，学校是否具备这方面的指导能力等情况。

为了使交通安全教育取得预期效果，地方财政预算中列出了费用，专供学校购买交通安全指导挂图、信号装置、道路标志等物品，确保学校配备有各种安全教育用具。都道府县和市町村教育委员会为提高学校交通安全教育水平，还编写和分发了相关教师用指导材料、学生用读物等。

针对幼儿，全日本交通安全协会发行了用于识字的《交通安全读本》。这些读本没有道德说教，而是以小朋友历险的童话形式讲述交通安全知识，文图结合、生动有趣，非常受欢迎。比如3岁儿童的读本主题是"道路"；4岁儿童的是"红绿灯"；5 岁儿童的是"安全"。日本小朋友从识字那一刻起，就开始接触安全交通知识。

很多幼儿园里的游戏角还设有虚拟的道路和路口、交通信号、标志标线。小朋友在"交通乐园"中玩耍嬉戏的同时，自觉接受交通安全教育，增强交通安全意识，从小养成了遵守交通规则的良好习惯。

小学除了专门的交通安全课，警察还会经常去给孩子们讲授交通安全常识。每个学童的帽子、书包甚至胸前姓名牌子上都有醒目的交通安全标志。这既是对孩子的保护，同时也给他们提供了一个从小养成交通安全习惯的良好环境。

中小学阶段，交通安全知识融入到了语文、数学、绘画等基础科目中，课程学习与交通安全教育两不误。政府还经常向青少年赠送宣传交通安全常识的玩具，其中甚至有会讲话的小机器人，让他们能通过活泼、轻松的形式提高交通安全意识。

除了校园里的理论学习，实践也被放在非常重要的位置。"交通指导员"与"集团上下学"，是日本交通安全维护的两大"法宝"。中小学附近的交叉路口及人行横道，都有专业志愿者担任的"交通指导员"。他们眼观六路、耳听八方，不仅是青少年安全的守护神，还要负责纠正青少年的不当行为。

这些"交通指导员"有着"非常手段"。对于偶尔违反交通规则的青少年，他们会耐心地说服教育；对于那些屡教不改的人，"交通指导员"会让他们留下来协助维护交通秩序，直到同学们全部回家。这既是一种惩罚，也是一种教育。日复一日的规范与监督，让青少年逐渐养成了良好习惯，形成了安全交通意识。

"集团上下学"则相当于中国的"路队"。由高年级的学生带着学弟学妹过马路。这种"自治"形式不仅可以培养高年级学生的责任感，还可以通过同学们的彼此纠正，形成一种整体良好风气。而且，"带路人"的互相轮换，让每个青少年得以有机会承担整个团队安全的责任，熟练掌握各种交通安全知识。

日本国民遵守交通规则的自觉性，就是在这样一点一滴中形成的。不难看出，在交通安全教育上，日本有着一套从上到下、从小到大、从理论到实践的完整系统。这种严丝合缝的标准化体系，让青少年习惯成自然，遇到交通事故时能够做出"条件反射"式的正确避险反应，从而减少了伤亡。

日本学校性教育"从娃娃抓起"

　　都说"食、色，性也"，可是在有着五千年历史的中国，在关系到对孩子的性教育问题上，依然还是谈性色变。一本《生理卫生》课本就担负起对全中国所有孩子的性知识教育。至今，每一个过来人相信都会清楚地记得，生理卫生课老师在讲授课本的那一章时的欲说还休、欲言又止，而学生们则对那一章所描述的语句百般琢磨、仔细推敲，似乎想从几句简单的文字当中，发现一个有关性问题的新大陆。

　　有人说，中国大多数年轻人的性启蒙是从日本的 AV 影片开始的，这也难怪"苍老师"被很多中国学生称为"德艺双馨"。从启蒙的效果上看，"苍老师"无疑要比生理卫生课的老师们有用得多。不过，阅尽天下 AV，并不等于完成了性教育。对于那些自控能力较差的学生，AV 更像洪水猛兽，稍不留神，就有可能陷入早恋、早孕甚至堕胎等泥潭，给尚在成长期的身心造成无法弥补的创伤。女孩 14 岁产子不知孩子父亲是谁、学生屡遭禽兽教师猥亵却不敢出声、女博士婚后两年依然还是处女……这些极端的例子，很形象地显示出中国性教育的偏差以及由此造成的影响与后果。

虽然说日本社会整体相对保守，但是在对孩子们的性教育方面，却走在了中国的前面，甚至可以说是亚洲国家性教育的领跑者。与中国把性教育集中安排在初二初三阶段不同的是，日本从小学开始就开展性教育，可以说是真正的从娃娃抓起。

关于性教育的功能和目的，日本给出的定义是"以尊重人性的精神为基础，适应儿童学生的发展阶段，在使他们了解关于性的科学知识的同时，通过让儿童学生有健全的异性观和能够采取基于此的理想行动，帮助他们形成人格和丰富的人性"。

基于此，日本中小学性教育的目标就包括四个方面：

一是情绪性和感受性。让学生领略生命的神秘性、伟大性和纯真性；培养学生对生命的连续性、亲子缘分等伟大自然的裁量的敬畏之念。

二是社会性。让学生知道自己生命的珍贵；培养学生尊重男女各自的特质和平等性的精神；使学生理解性的作用和男女关系的应有状态；培养他们审视性文化和性道德的眼力。

三是科学性。使学生对自己身体上和心理上产生的性的发展和变化有科学的理解，培养能恰当对待它们的能力和态度。

四是自我控制能力。培养正确控制性欲望的能力，理解行为的手段和对待性冲动的方式。

除此之外，日本学校还针对孩子们在不同学龄段的身体发育特点，制定出了每一学年的性教育内容，从小学一年级到高中毕业，由浅入深，把生理、心理等方面的知识逐一教授。日本学校开展性教育的过程，实际上就是学生们性生理、性心理逐步走向成熟的过程。

因此，纵观日本的性教育，可以发现这样几个特点：

首先，日本学校的性教育并不只是教学生正确认识月经、遗精、自慰、怀孕这么简单，实际上，性教育的内容十分广泛。它以正确认识自己的性别、身体开始，以建立培养起健康的性心理，树立起正确的生命观为终。性教育不是一时一刻，而应是伴随学生成长的始终。

其次，性教育不需要犹抱琵琶半遮面。有的时候，越是神秘，越容易引起孩子们的好奇，并为此追根究底。而如果能够将性教育光明正大地进行讲授，学生们接受得反倒会更加坦然。由此也避免了学生因为学校性教育的缺乏最终误入黄色书籍、录像寻找答案的歧途。

总之，日本学校的性教育在确定教育目标和教育内容时，更注重适应学生的身心发展阶段及其特征，更注重集体指导和个别指导的相结合。当然，日本部分学生中至今依然存在不良性行为、妊娠、堕胎、援交等案例，从一个侧面也说明，日本学校的性教育依然任重而道远。

日本家长为《论语》跟学校打官司

招生的时候说学校有《论语》课程，入学以后发现《论语》课程被取消了。围绕着这件事情，日本茨城县取手市江户川学园（高中）31 名学生家长联手把学校告上法庭，要求赔偿损失。谁料，在一审、二审中都获得胜诉结果的学生家长，在 12 月 10 日的三审开庭宣判中却败诉了。这就是发生在日本的事情。

战后的日本，曾有一段时间几乎不读《论语》了。这也难怪，对待儒学，中国人是把"仁"作为精髓来汲取，日本人是把"忠"当作精华来吸收。结果，一场战争下来，尽管是"忠心报国"，最后还是输了，那这《论语》读着还有什么意思呢？

等到一心一意搞经济建设的时候，发现《论语》还是有点用的。别的都不说，在日本近代享有"实业之父"美誉的涩泽荣一，在其所著《〈论语〉与算盘》中，就提炼出"义利合一"的经营原则，认为一个企业家只要做到一手拿《论语》，一手拿算盘，就可以发财致富。眼看着"实业之父"都这样，还能不学？最近几年，在资本市场呼风唤雨的日本软银金融集团首席执行官北尾吉孝也在称《论语》等中国儒家经典是"东洋人教养的根干"，认为在进入所谓的全球化之前，通过这些中国古籍来提高自身的修养显得尤为重要。

伴随着这些影响，日本教育界的"《论语》热"也在渐渐升温。各种各样的《论语》讲座、补习班应运而生，校园里传出了《论语》的朗朗读书声。这其中还有像江户川学园（高中）那样的，把学校开设《论语》课程当作吸引生源的内容之一。

话说回来，为了加强对学生的道德教育，江户川学园（高中）也的确开办过《论语》课程。但是，2004 年 7 月，学校内部发生"内讧"，推动《论语》课程教育的校长被解雇了。"一朝天子一朝臣"，搞行政管理的就更难做到"萧规曹随"了，于是，《论语》课程在这所学校也就消失了。其后，对于这种"说话不算数"行为表示不满的 31 名学生家长串联起来把学校告上法庭，要求赔偿 480 万日元。

开始，学生家长们斗志昂扬，在一审、二审中都获得了胜诉的结果。但是，江户川学园（高中）就是不认输，继续上诉到日本最高法院，这里面可能有对法律的信念，也可能有"死马当作活马医"的侥幸心理。谁都没有想到，12 月 10日三审开庭的时候，日本最高法院的审判长甲斐中辰夫一方面在判决中指出，学校在学生入学后安排的课程，与招生宣传内容不相符，"从社会普遍的认知程度上讲，这种做法属于违法"；另一方面则认定"虽然《论语》课程停止了，但这所学校的教育理念和教学水平并没有下降"，从而推翻了一审、二审的判决，导致学生家长在终审中败诉下来。

这样一起案件，很值得让人深思。应该说，这不仅仅是一个文化内容的案件，更是一个追问诚信的案件。日本最高法院的这个判决，不仅会成为今后判案参照的一个案例，也许还会成为日本社会风气转变的一个风标。

中小学生面临一场"手机战"

在科技进步日新月异的今天，人与人之间的通信工具也在不断升级。从固定电话到手机，再从电信通话到 SNS，已经有多种手段可以满足人们对于交流的渴望。这种渴望不仅局限于成年人，中小学生也越来越多地使用电话，来建立自己的社交圈子。

在日本，这种现象既有与中国相似之处，又有其独到之处。很多日本家长为随时随地找到孩子，不得不给他们配上一部手机，但同时又怕他们浏览不良网站，每个月都提心吊胆地等着缴费单。不仅如此，现在很多 SNS 都成了"约炮神器"，每天等着钓 MM 的色狼比比皆是，常常有女学生因无知或者自愿上钩。

另一方面，学校最担心的则是学生因沉溺于交友耽误学习。2012 年底，文部科学省的"学力报告"显示，小学六年级学生的学习成绩，与他们拥有手机的比率呈反比。调查称，日本各都道府县平均 35.9% 的小学六年级学生在使用手机。其中东京都最高为 51.3%，依次分别是神奈川县和大阪府。排在倒数前三位的是秋田、石川和新潟三个县。综合其他要素整体分析，家长上班时间越长、共同劳动率和房产持有率越低，他们的孩子就越容易拥有一部手机。

除了家庭原因之外，社会原因也成了促使中小学生拿起手机的推手。据悉，日本的手机普及率几近 100%，成年人手机市场已经饱和。电信公司的业务大多是靠推出新措施互相挖墙脚，想找一个新用户已经是难上加难。为此，他们把目光盯在了中小学生身上。从几年前的学生 2 年"基本费"免费起，逐渐扩展到 3 年还能全家免费。不少家长也是看上了这个便宜，才会给孩子办手机。

那么，面对着愈发普及的手机，校方是如何应对的呢？此前有消息称，部分中学明确规定，禁止学生将手机带到学校，否则一律没收。这一禁令虽得到了部分家长的支持，却遭到了学生们的强烈反对，让相互间的矛盾越来越深。

因此，目前较为主流的教育方针是，由学校统一向学生发放手机，以此来"教会学生手机的正确使用方法"。著名教育学家尾木透露，这种手机月租 3 500 日元（约合 220 元人民币），不能上网但自带 GPS 功能，直接将位置信息连到父母的电脑上。晚上 10 点至第二天早上 6 点手机自动上锁，无法使用。电话也只能打往事前登录过的几个号码上，其余一律被自动切断。这种手机还可以"防狼"，如果遇到危险，孩子可以一键打开报警装置。

从家长的角度来看，学校发的手机既能让家长找到孩子，又保护了孩子，一举两得。但从小学生的角度看，这等于又给身上加了一个被监视的工具，自然不爽。于是很多商家又瞄准商机，适时地开发出了可爱、好玩，功能又不"越轨"的儿童用手机，还可绑定父母的号码。

由此看来，科技的进步带给人们的不只是方便的生活，也有很多新的烦恼。在无孔不入的商人们眼里，让中小学生人人用上手机，确是一块肥得流油的市场。从目前的种种统计看来，这个市场已经初具规模，激烈的竞争必将随后而至。日本中小学生即将面临一场"手机战"。

看看日本如何治疗"手机依赖症"

iPhone 的全球开卖，点沸了各国网络。中国网友们关于"土豪金"的热议，曾经不绝于耳。而日本的反应则显得比较"异类"，部分家庭和学校把这视为新一轮病毒流行的开始。什么病？手机依赖症。

在 2012 年 10 月至 2013 年 3 月间，日本厚生劳动省研究组面向 47 个都道府县的约 10 万名中学生，实施了有关网络使用情况的问卷调查。调查结果显示，约有 8.1% 的中学生有网络依赖。该研究组根据调查结果估算出，全日本患有网络依赖的中学生合计约达 51.8 万。这是日本针对中学生网络依赖情况进行的首次全国调查。

该研究组成员、日本国立医院机构久里滨医疗中心院长樋口进表示，"网络依赖严重时，可导致昼夜颠倒，引发睡眠障碍等，还可能对精神状态产生不良影响"，呼吁学校和家长们帮助青少年们减少玩手机的时间。

面对重病、已病和出现轻微症状的青少年手机依赖症群体，日本文部科学省也行动了起来，参考韩国的带初高中生外出野营、断网十二天的做法，计划在日本开展类似的"断网旅行"或"断网野营"。文部科学省青少年课负责人还透露，目前已经决定利用国立设施——"青少年之家"等，让初高中生们短期体验无手机、无电脑的生活。

究竟怎么样才叫手机依赖症呢？日本的国立医院机构久里滨医疗中心的中山秀纪医生称，目前，要严格地给手机依赖症下定义还比较难。如果因玩手机耽误了休息和学习，却依旧停不下来的话，那就很可能是依赖症了。

以青少年"患者"为主的手机依赖症，不仅在日本蔓延，在中国也是一样。在考虑是否要像日本政府那样"举国抗病"前，不妨参考一下日本小家庭里的成功案例。

家住琦玉县的 43 岁的富田亮一，有个正在读小学六年级的儿子，每天都玩手机到深夜。做父亲的每天软硬兼施，嘴都磨破了，但儿子的回答就只有一句："我再玩一会儿，就一会儿。"

富田在看儿子的手机费用明细单时发现，好在选择的是 5 000 日元的包月流量套餐，不然每月用手机上网的实际流量费要高达 80 多万日元。富田把明细单拿给儿子看，儿子在看到 80 多万的数字时，也惊讶得合不拢嘴巴，立即减少了利用手机上网的频率。

之后，富田家每月都会将实际流量费白底红字的写出来，张贴到儿子房间的墙上，用具体的金额来刺激儿子继续努力"抗病"。

致力于消灭手机依赖症的日本民间团体——"天使之眼"的代表远藤美季分析称："如果是做父母的单方面限制孩子使用手机，即便有效果也是暂时的。只有在孩子自己产生问题意识后，才有可能彻底克服依赖。"当然，金额刺激只是唤起孩子的问题意识的方法之一。

家住东京都的50岁的井上由美，在帮助女儿克服手机依赖症时，采取的是转移注意力的方法。井上的女儿在读中专，功课轻松之余，每天玩手机游戏到凌晨四五点钟。但做母亲的没有教训女儿，而是装作不经意的表扬。表扬女儿头发又黑又亮，表扬女儿最近越长越漂亮。逐渐地，青春正盛的女儿变得爱收拾房间了，也不那么宅了，偶尔还会主动找妈妈一起出去逛街。

成城墨冈诊所所长墨冈孝分析称："有很多家长在看到孩子不分昼夜地玩手机后，会想要强制性地没收孩子的手机。这其实是很危险的。有依赖倾向的人，一旦失去了自己依赖的东西，就容易陷入恐慌状态，甚至会突然变得暴力起来。"因此，让孩子在不知不觉间转移注意力，帮助孩子培养新的兴趣爱好，比正面对决更加事半功倍。

其实，这些不仅适用于青少年，也适用于所有对智能手机欲罢不能，一离开就会魂不守舍的成年人。

电子游戏在社会上已无孔不入

　　日本任天堂公司 2010 年 6 月 15 日又露了一手，在美国洛杉矶举办的 E3 电玩展上首次公开了无需专用眼镜即可欣赏 3D 影像的 DS 掌机新机型 "Nintendo 3DS"，与此同时公布了内置可拍摄 3D 照片的摄像头等配置细节。索尼电脑娱乐公司（SCE）也不肯落后，透露于 10 月 21 日在日本发售 PS3 体感手柄 "MOVE"。

　　有人这样说，世界上有两大 "电子游戏大国" ——美国和日本，但是美、日究竟谁是 "世界第一电子游戏大国"，却是难以判定的。显然，这应该与日本电子游戏的娱乐业市场占有率有关，街头四处可见的游戏厅、游戏机让人感到电子游戏无处不在，而美国发行的所有街机电子游戏，又有九成是从日本来的。再加上日本在电子游戏研发方面的大力投入，都让日本与美国在电玩方面难分伯仲。

　　还有这样的分析，电子游戏产业已经成为日本国家经济的重要支柱之一，从 20 个世纪 60 年代初"街机"上市，到六七十年代之间开发"家用游戏机"，再到八九十年代的"掌上游戏机"，经过 30 多年的耕耘，日本已经把电子游戏这棵"摇钱树"，培育成为第一时尚娱乐产业，在全球业界曾经产生过垄断性的影响。

在日本，更有这样的认识：把电子游戏称为与电影、文学、美术、音乐等艺术形式并列的"第九艺术"。尽管有人指出从发展历史和社会地位来看，电子游戏还是不折不扣的"小字辈"，但它已经借助图像处理等高科技手段，大力吸收其他艺术门类的精华，进步之神速、发展之迅猛，都让人刮目相看。其传播能力更是不能小觑。

但令人头痛的事情也是有的。据日本媒体报道，每天放学以后，日本小学生几乎都是每人拿着一台便携游戏机，如痴如醉地玩游戏。而中学生则是 80% 有手机，每月只要交几百日元就能够玩各种电子游戏。此外，绝大多数学生家里有电脑，网络游戏更是中学生的最爱。许多不爱学习的小孩过着"游戏人生"，平均每天玩两三个小时是常有的事，最多可达七八个小时，久而久之成了"游戏脑"。

日本心理专家指出，"游戏脑"的特征是大脑发育迟缓，甚至分不清现实世界和虚拟世界；没有表情，非常健忘；感情控制能力差，容易突然发怒。据日本《读卖新闻》报道，一名曾经连续袭击了 20 多名女性的少年，目的就是为了体验电子游戏中女性的叫声是真还是假。更有调查表明，很多犯罪的日本青少年都曾沉湎于暴力游戏。

当然，电子游戏也在被因势利导地引进教育的殿堂。不久前，日本东京女子学园把电子游戏引入课堂，帮助学生提高英语水平。上课时，学生们都不再听老师讲课，而是神情贯注地盯着各自手中的任天堂 DS 游戏机。学校正在尝试把电子游戏机和英语教学软件结合在一起，从词汇、书写和听力方面对学生进行每周辅导。游戏机中的软件以游戏的方式，要求学生通过拼写单词或词组来获取分数，整个学习过程因此变得更加轻松起来。学校的英语老师表示，随着英语学习的深入，学生们的英语水平开始变得参差不齐，使用"一对一"的电子游戏教学，能更好地让学生在自己的基础上取得进步。

值得注意的是，日本的电子游戏对象已经不是单一地锁定在青少年身上了，而是在不断地扩大游戏消费族群，"依照不同消费人群设计出不同的游戏机种，使每个人都能投入到美好的游戏体验中"。笔者到日本福冈去采访一位将近80岁的日本老人，他说儿子送给他的生日礼物居然是电子游戏《三国志》老人版。一位日本家庭主妇则向笔者"诉苦"，说是丈夫下班回家以后，几乎是脱了西服就一个人在房间里面打游戏机，一直要打到清晨两点钟左右，还自认为这是减轻职场压力的最佳方法。由此可以看出，日本的电子游戏正在渗透到日本社会的每一个角落，其功能也从简单的娱乐发展到老年消闲、白领减轻职场压力等等方面。

电子游戏是否会成为"第二个好莱坞"，还一时难有定论，但日本电子游戏凭借着其独特的传播力渗透到社会生活的各个角落，却是任何媒介都没法做到的事情。

据说，中国的电子游戏如今也是如火如荼、方兴未艾。那么，中国也会走日本电子游戏的这种老路吗？日本走过的道路值得我们深思。

看看日本高考中的那些作弊丑闻

　　酷暑炎炎，一年一度的中国高考大幕即将拉开。此时此刻，高考加分政策、中国人民大学招生就业处原处长因受贿被捕等消息备受关注。此处要说，日本的高考制度与中国有较大不同，其历史上也曾多次出现各种丑闻。

　　日本的高考在每年年初举行，国立大学、公立大学和部分私立大学的入学考试分两次，1月举行国家统一考试，据报考学校的要求，考两到三门基础课程。如著名的早稻田大学政治经济学部在这个环节需要考三门课：外语、国语，另外一门从日本史、世界史、政治经济、数学中选择。之后2月中旬至3月底，各个大学再根据本校情况进行第二次考试。

　　很多私立大学有一套较为立体的选拔体系，包括一般选拔、综合学科毕业生选拔、AO（Admissions Office）入学考试、体育特长生选拔等几种。其中，AO入学考试是日本从美国引进的选拔制度，通过提交申请、小论文和面试等方式确定入学者。前不久闹得沸沸扬扬的造假"美女博士"小保方晴子就是通过 AO 考试进入早稻田大学的。2013 年，早稻田大学政治经济学部通过 AO 方式选拔了 56 名学生入学，早稻田大学体育学科则通过特长生"自我推荐入学考试"的方式选拔了 62 名学生入学，其中包括日本全国运动会空手道亚军等。

多年来，日本的高考基本保证了公平公正，但也屡屡爆出丑闻。1980 年，著名的私立大学早稻田大学发生了考题泄露事件。试题印刷所的员工事先已被买通。当年 2 月 5 日，试题开始印刷的第一天，为经济利益，该员工将社会、数学试题放在衣服内带出，第二日将国语、英语试题带出。他因此获得 500 万日元的报酬。

试题被偷出后，高中教师团伙进行复印，交给高考辅导培训学校的讲师。试卷拿到了，需要尽快答出标准答案。他们找到了东京大学的在校生，被拒绝。后找到早稻田大学在校生，在其不知这就是高考试题的情况下，请他答出了标准答案。巧合的是，这位早稻田大学学生，在稍后的高考中恰好进行监考，发现高考试题与自己此前看到的试题完全相同，遂报告校方，事情败露，泄题人员被捕，55 名学生被取消学籍。

2011 年的日本高考丑闻则多了几分高科技的色彩。在考试进行的过程中，"Yahoo 知惠袋"（类似"百度知道"）上出现了多个关于考试题目的问题。如 2 月 12 日进行的早稻田大学英语考试是 10:00—11:30，考试还没结束的 11:08，网上出现的一段"日译英"的题目正是这门英语考试的试题，并且11:12就有人跟帖给出答案。2月25日京都大学的数学考试是13:30—15:30，考试刚开始的13:37，网上就出现了试题，并在14:09得到回答。同志社大学、立教大学等多所高校爆出的十几处试题在网上泄露的问题中，绝大多数都在该门考试结束前得到回答。早稻田大学和立教大学确定了网上投稿的考生，并取消其入学资格。时任日本首相菅直人对此网络泄题事件"表示十分遗憾"。

其实，如今的中国和日本，都是"学历社会"，大学入学考试都关系到每位考生的命运。对很多人来说，这都是人生中最重要的一次考试。只有做到真正公平公正，才能让考试保持长久的公信力。

解决地方学校"空巢化"有招

　　无论是中国还是日本，学校都不仅仅是孩子们接受教育的场所，也是所在地域的居民交流往来的平台，文化互动传播的中心，是地域纽带关系的象征。尤其在日本这个"地震王国"，学校还是抵御抗震防灾的据点。

　　但是，伴随着日本社会"少子化"和"过疏化"问题的加剧，日本文部科学省不得不在时隔60年后又一次在全国范围内开始推行公立中小学校的废除、合并。

　　20世纪30年代初期，日本公立中小学校的学生人数超过了1 800万，到了2015年，却只有970万，减少了将近一半，公立中小学校也减少了24%。20世纪80年代初期，日本14岁以下的儿童在2 700万人左右，到了2015年却只有1 500万人左右，另据日本文部科学省推算结果，到了2060年，日本14岁以下儿童将只剩下791万人。日本的少子化问题已是如此的深刻。

为此，近年来，日本各地方自治体也都陆续开始将辖区内中小学校的废除与合并问题搬到了桌面上，有的选择了废除与合并，有的则在拒绝废除的基础上摸索新的教学模式。

拥有 6 所小学的茨城县行方市，在最近的 10 年间小学生人数减少了 2 成多，只剩下了 640 人。6 所小学里学生数最少的只有 41 人，几乎每个学年都只有一个班，有的学年一共还不到 10 人。

2015 年，该市决定关闭这 6 所小学，为这 640 名小学生重新建一所学校。但这样一来，有 9 成的学生和家长都反映，新学校离家太远，学生无法步行上学，于是学校就每天出动18 辆校车接送大家。

日本文部科学省规定的标准是，小学一个学年要有 2 至3 个班级，中学一个学年要有 4 至 6 个班级，但目前日本全国有 45% 的小学和 52% 的中学都达不到这个标准。在校生人数过少的弊端是，不能让学生进行多种多样的校外活动，像足球比赛和大合唱等集团活动都要受到限制，学生本身也缺乏锻炼社会性和交流能力的机会，人际关系容易固定化。

然而并非所有的学校都愿意积极响应政府号召，进行废除与合并，因为学校是地域的中心，没有了学校，原本就人口过疏化的城乡会越发地失去交流与活力。人口只有 4 000人左右的宫崎县五濑町就是其中之一。

五濑町内共有 4 所小学，每所小学的学生数都不到 80 人，但因为这 4 所小学都和地域联系紧密，因此该町决定不废校也不合并，开展联合教学。像体育、音乐等人数越多越好的课程，就把 4 所学校的学生都集中到一起进行，各校的老师们也会每月开两次碰头会，一起备课，相互确认教学进度等，整个五濑町，俨然是一所大学校！这 4 所小学的学生对于这种新的教学尝试也都很欢迎也很兴奋，觉得既不用离开自己熟悉的学校环境，又有机会去其他小学看看，和其他小学的学生一起交流，结交新朋友。

作为城市化进程的必然结果，中国的中西部乡村也在面临着人口外流和资源锐减的"过疏化"问题，农村小学生源不足，令部分学校濒临"空巢"。在这一点上，是否可以借鉴一下日本的做法，动员地域全体都来努力，站在孩子们的角度上富有创造性地灵活应对呢？无论是中国政府还是日本政府，都不能只吆喝，要有具体的补助方法，给合并后的学校增加师资力量，让留下来的学校能确保教学秩序的正常运转。

校餐让学生吃后不偏食不剩饭

"有些菜我到现在还喜欢吃"，"同学一起吃，好有归属感"，"不吃完不准走"，"吃饭时的礼仪就是那时候学会的"……提起学生时代的"校餐"——日文汉字称作"给食"，很多日本人心中都有一段难忘的记忆。

1945年日本战败后，满目疮痍的日本物资匮乏，陷入了严重的粮食危机。但是，即使在这种情况下，勒紧了裤带的日本还是做出了一个斩钉截铁的决定：孩子是日本的未来，让他们先吃饱肚子。日本首先从美国和其他国家的粮食援助中，抽出部分用于供应校餐。1952年，校餐的提供更是从"欠食对策"的政策层面上升到法律层面，日本正式制定了《教育给食法》，通过各种方式让所有儿童都能吃上校餐。这也成了现在日本校餐体制的雏形。

当美国对欧洲的支援告一段落后，过剩的小麦等农产品被大量运往日本，成了校餐的主要来源。漂洋过海的小麦极大地改变了日本人的饮食习惯。一直习惯吃米的日本人开始从小吃面包、喝牛奶，这从很大程度改变了日本社会的饮食结构。

这种趋势让日本人日益担忧。从 20 世纪 60 年代开始，日本进入经济快速发展期，物资充盈起来。日本下决心把逐渐西化的国民口味慢慢扭转过来。1960 年日本开始调整校餐内容，到 1976 年米饭又成为校餐的绝对"主角"，面包一周只提供一回。2014 年，校餐以米饭为主的日本中小学占到了总数的 99.9%。日本传统饮食在"校餐争夺战"中取得了完胜。当然，校餐内容的变化与日本粮食自主战略有关，但是，这也充分体现了它的国民性：局面艰难时顺应形势图生存，情况好转后马上翻盘寻旧根。

值得注意的是，日本的校餐可不仅仅是吃饭这么简单，还是学生整体教育的重要一环，与膳食营养知识、饮食观念、饮食文化甚至人生观教育紧密结合，成为学生生活课程的重要组成部分。

《学校给食法》第 2 条规定，学校要通过校餐开展"食育"，指导学生懂得营养的平衡、天然食材及环保餐具的使用，并了解料理的做法。1954 年，日本曾通过了《学校营养午餐法》等一系列法律法规，明确提出在国内中小学校中建立营养配餐中心，配备专业营养师，在全国范围内推行学校营养午餐计划。

日本校餐的相关政策由厚生劳动省制定，具体实施由文部科学省执行。文部科学省在各级地方政府机构中都设有供餐科，专门指导学校供餐事宜。学校健康中心负责中小学校午餐的运营管理。食品原料及物资采购等事务通过专门的公共事务机构来办理，政府不直接承办。

1960 年，日本学校午餐研究与改革协会成立，以便达到政府宪章规定的"研究、改善和协助提供全国的学校饮食，从而促进学生的健康并宣传营养知识"。

如今，日本提供校餐的学校达到总数的 94.3%。在国家教育体系中，超过 1 100 万名 5 岁至 12 岁的孩子都在吃校餐。3.4 万所小学和初中里，近一半学校自己配置适当的厨房。政府的详细指导方针规定，一份学校午餐应提供每日所需卡路里的 33%，推荐每日摄入钙量的 50%，以及推荐每日蛋白质、维生素和矿物质摄入量的 40%。该指导方针甚至还设定每顿午餐的含盐量要少于 3 克。而且，每 3 所学校配备 1 名营养学家，现在这个比例还在上升，约有 1.2 万名营养学家是全职的。

日本学校的校餐以营养均衡、种类丰富为原则，一份午餐主要包括米饭、一荤一素两种菜、一碗汤、一小盒牛奶和一份水果等。每个月的午餐食谱都由专门营养师根据有关标准，结合当地条件和学生的具体情况设计。所有食谱都会让家长过目，还会邀请家长来品尝，让家长充分了解孩子在校就餐状况。

日本进入"饱食时代"后，有些学生开始偏食，只喜欢吃肉不喜欢吃蔬菜，家长也拿他们没办法。而校餐就彻底扭转了日本孩子的这一坏毛病。

对于偏食的学生，学校可不会迁就半点，喜欢不喜欢都要吃得干干净净。如果留下饭菜，什么时候吃完什么时候回去上课。很多学生因此整个午休时间都被留在食堂"光盘"。很多害怕惩罚的学生最初甚至不敢告知老师，硬是吃下了让自己过敏的食物。此后，日本学校开始实行"备案制"，防止学生过敏。

校餐对学生饮食的长期"纠偏"工作取得了明显成效，这也是现在日本人健康长寿、日本社会很少看到胖子的重要原因。

对于校餐的费用，日本的家长们也不必担心。日本校餐的所有开支分为三部分：一是家长支付的午餐费，占经费总数的51.6%；二是地方政府与团体出资承担的部分，占总数的39.5%；三是中央政府的补助，占总数的8.9%。全国每份午餐用料的平均成本为260日元（约合13元人民币），几乎所有的家长都支付这笔费用。

除午餐材料费外，包括工人劳务费、厨房设备与设施等在内的费用均由政府负担。而且，日本政府还为贫困生提供完全免费的校餐，所需费用由中央和地方财政各承担一半。

对于校餐的食品安全管理，日本政府也有着非常严格的规定。文部科学省专门制定了《学校给食卫生管理标准》，对校餐卫生管理的各个环节提出了非常明确而且具有操作性的要求。凡是学校食堂或送餐公司的管理者，不仅要有实际的食品加工业务经验，还必须取得执业资质。学校餐具每天由高温洗碗机清洗消毒。学校午餐只提供热食和熟食，午餐中提供的蔬菜都经过加热处理，以保证食品卫生安全。

为防止蔬菜变色，规定饭前两小时才能做菜，且每顿午餐都要留样、编号、注明日期，并在零下20℃保留两周（感染大肠杆菌在一周后才会发病）。此外，校医每三个月要对配餐中心和配餐室的卫生状况抽查一次；当地卫生保健机构每年要到配餐中心及配餐室进行 2 ~ 3 次卫生检查；教育行政部门负责营养午餐的人员也要对辖区配餐中心及学校配餐室定期检查。

校餐的食物来源尽可能在当地取材，这样孩子们可以了解本地区的烹饪文化。为了发挥校餐的综合教育作用，教师与学生一起就餐，一边教授饮食礼仪一边观察学生的饮食习惯，对学生进行有针对性的营养指导。为使学生对食物有更加全面的认识，在课堂上，老师和学生一起学习生物、营养学等方面的知识，并亲自动手直接应用到现实生活中。部分学校在附近农村建立了水稻基地，让学生参观和学习水稻生产过程，加深对农民辛勤劳动的理解，更加懂得"盘中餐"

的来之不易，通过亲身实践树立正确的价值观。

日本的校餐不仅要让孩子们吃饱肚子，更要让他们吃出健康、吃出文明。这些一点一滴的积累，确保了一代代日本国民的身体素质与文明素质。而校餐背后折射出的日本对孩子的高度重视、彻底落实的"行动力"，或许更值得学习。

日本营养午餐计划已经实施了一百年

再穷不能穷教育，再苦不能苦孩子。这话谁都听过，谁也都明白，可要落到实际就难了。这些年，中国推出了校园午餐计划，由国家拨款支付贫困山区学校孩子们的午餐，可实际执行起来在个别地方却出现了诸多问题：三元的午餐实际价值不到两元；一块面包、一个沙琪玛就是午餐。甚至，有的地方还出现了用过期食品充当午餐的情形。对此只能说，中国实现教育现代化的道路，依然还很漫长。

说到校园午餐，日本在这方面可谓是做得最好的一个国家。从1889年算起，日本推行校园午餐已经有128年的历史。1923年，日本政府正式决定向小学生提供营养午餐。1940年又推出"学校供餐奖励规程"。1954年，日本政府制定和颁布了《学校营养午餐法》，从法律的角度对学生营养午餐提出了明确要求。

需要强调的是，《学校营养午餐法》一共只有14条规定，但是到如今已经前后修正了 12 次，可见日本对营养午餐的重视。此外，日本还先后配套推出了"学校供餐法施行规则"、"学校供餐法施行令"、"学校供餐实施基准"、"学校供餐卫生管理基准"等一系列规定，营养午餐制度由此得到了逐步地确立。如今，这一制度已经得到相当程度的普及。日本文科省在 2012 年公布的调查数据显示，日本全国实施供餐的中、小学已达 32 400 所，整体实施率高达 94.3%。

在日本实施了一百多年的营养午餐计划，它都有哪些值得我们学习的地方呢？

首先，在费用上，日本每一份营养午餐的价格平均不到市场价格的一半，但毕竟还是要交由市场化运作，那其他的费用怎么解决？按照规定，日本国家财政负责提供配餐中心及学校配餐室的硬件与设备，地方财政则提供相关人员的工资及运输费用。这样一来，家长只需交纳营养配餐的原材料费即可。一个小学生的家长每月承担的费用大约也只有三百多元人民币而已。对于家庭确实困难的学生，则会完全免费，费用全部由政府负担。

其次，在食品安全上，日本在这方面也发挥了其一丝不苟的精神。日本专门制定了《学校给食卫生管理标准》，对营养午餐卫生管理的各个环节提出了非常明确且具有操作性的具体要求：配餐中心各个环节要进行严格的消毒，从做饭到学生吃进肚子里时间控制在两小时之内，每份食品需要留样两周做观察。除此之外，还有蔬菜水果必须洗四次，校长要先试吃等等。配餐中心还要接受定期不定期的抽查、检查，要求虽然近乎苛刻，但目的不外乎就是为了让孩子们吃得卫生，吃得安全。

再次，在营养上，日本规定，凡学生数超过 600 人的学校，都要配备专职营养师。不足 600 人的可以两校或多校共聘一位。每餐的菜谱均由营养师来确定，要严格按照学生身体成长的不同年龄层制定不同的营养菜单，并且要做到每天都不完全相同。但不管饭菜内容有多少变化，牛奶始终都是不会变的。日本从战后开始在学校推行一天一杯牛奶，据说日本学生为此平均长高了 12 厘米。

最后，日本还把午餐时间变成了对孩子们的教育、学习时间。日本很注意对学生们的饮食礼仪教育。每天有专门的值日生负责全班级午餐的取送、派发；学生在享用午餐时不忘垃圾分类；教育学生剩饭是不礼貌的行为；学生饭后自觉参加各项整理、清洁活动；有条件的学校会组织学生动手栽种一些蔬菜水果，其他学生在吃前要对他们表达感谢；老师要和学生一起吃午餐以建立良好的师生关系……总之，日本学校通过这种饮食教育，让学生们懂得感恩，热爱劳动，学会分工合作，同时也不忘一餐一饭皆来之不易。

都说孩子是国家的希望，是民族的未来。而单单从营养午餐这一点来看，日本还是很有希望和未来的。

从林森浩案想到日本"拼"教育公平

　　2015 年 1 月 8 日，上海市高级人民法院对复旦大学学生林森浩投毒案做出二审判决，驳回上诉，维持原判。一审判决中，林森浩被判处死刑。

　　这个案件在中国社会引起了极大的议论，一时间关于"高分低德"的争论不绝于耳。事实上，在深度调查中，林森浩本人的家庭背景也引起了各方注意。林家在广东农村，家中还有兄弟姐妹，生活并不富裕。有分析认为，林森浩之所以痛下杀手，和他在学校中感受到的经济压力不无关系。据统计数据，近年来中国高校中农村生源比例严重下降，重点高校更是"重灾区"，农村学生比例极低。排除其他因素，农村教育投入少，师资力量薄弱是主因。城乡教育不均衡的现象明显。克服了千难万险，踏过了千军万马进入重点高校的农村学生，发现自己一年的生活费抵不过室友的一个电脑时，心态很难维持平衡。这或许是造就高校毒杀案件的另一个原因。

而在日本，虽然没有"再穷不能穷教育"的口号，但在教育公平问题上，日本也是"蛮拼的"。

日本的学校"反不平等"，不惜用"同质化"造就平等。从上幼儿园开始，日本的小孩子就要开始习惯"集体社会"。在中小学阶段，每个学生都要穿着统一的校服。校服的意义绝不仅仅在于统一管理，更深层的原因是避免"衣物攀比"。日本人热爱时尚，即使是童装也有价格不菲者。如果不要求统一着装，部分家庭条件较好的孩子很可能选择昂贵的衣物，使其他同学"相形见绌"。

学校的餐食也是"必争之地"。所有学校一律实行"给食制"，统一由学校发放午餐。每个学生在学期伊始向学校交伙食费。每天中午，由当天值日的学生抬着大饭桶去食堂打饭，搬到教室后分发给每个同学。每到"饭点儿"，就能看到戴白帽、白口罩、白围裙的小小身影，在努力地"发饭"。这样就有效避免了"豪华便当"和"粗茶淡饭"的差别，还有利于从小培养自理能力和集体意识。

出行是"两条腿走天下"。日本中小学生就学基本上遵循就近原则，学校通常在离家10多分钟的步行距离内。每天上下学，孩子们就结伴同行。但是为了保障低龄儿童的出行安全，由学校组织家长在上学道路上轮流值班。常常能看到头戴黄色帽子的一队队学生整齐过马路，前方还有老师或家长手拿小黄旗做引导。学校原则上不许家长接送，开车接送更是严令禁止。有一些家长偷偷开车送孩子，也只敢送到离学校较远的路口，"豪车竞争"的现象绝不存在于学校中。

学校在组织集体活动上也是力求公平。集体出游时，规定每个孩子只能携带一定数量以下的、极少的零花钱。大家要带上统一的小背包，里面有出行必需品。而且这些物品也是老师提前列好清单由家长照做的，不能多也不能少。每年学校组织运动会，不同年级的同学被打乱分配，只分成红队和白队，避免同年级的同学因为身体状况不同而恃强凌弱。这里只有集体的输赢，没有个人的胜败。

在这样的衣食住行环境下成长起来的日本孩子，在进入大学与同学相处时，心态就相对平和一些。大学分为公立和私立两种，愿意负担较高的费用的学生可以选择私立大学。公立大学在教学质量上绝不逊于私立大学，只是教学设施不像私立大学追求豪华而已。

在教育公平的背后，日本社会贫富差距相对较小是造成这一现象的根本原因。日本在 20 世纪 60 年代曾流行过"一亿总中流"的说法，逐渐扩散成为一种国民性的意识。尽管 90 年代泡沫经济的崩溃使日本经济一蹶不振，但直至 2013 年，日本内阁府实施的"国民生活相关舆论调查"显示，日本国民有九成以上都自认为生活程度在"中等水平"。2008 年联合国公布的基尼系数排名中，日本仅次于丹麦，排名世界第 2。

近年来，随着日本老龄化、税收再分配等问题，基尼系数开始上升。日本国内对此较为警惕，"格差社会"的研究成果层出不穷。

孔子云："不患寡而患不均。"我在想，能否这样说：教育公平才是社会公平的希望和起点？

给贫困学生"开小灶"的思考

最近，一份调查报告引起了日本文部省的高度重视。这份《2011年学生学习水平与家庭状况调查报告》称，在一些小学、初中里，家庭经济状况对孩子的学习能力和成绩产生了一定的影响，导致同年龄阶段、同等教育环境中的孩子之间出现了教育差别。

日本文部省迅速开展深入调查，发现学校中领取"就学援助"、饮食补贴费、修学旅行费等各项援助款项的"贫困学生"大多成绩差一些。为此，日本文部省决定对贫困学生"开小灶"，消除家庭经济状况对学生学习的影响。相关负责人表示："今后将把家庭经济状况与学生学习状况挂钩，增加对贫困学生的援助金额，并以学校为单位，对每个贫困孩子的情况展开详细分析，制定出一套消除孩子们之间教育差距的指导方法，通过课后的辅导或补习，使孩子们能够站在同一起跑线上。"

教育公平作为实现社会公平的起点和基石，日本文部省此举让人竖起大拇指。作为在促进教育公平和均衡发展方面起步较早的国家，日本并没有"躺在功劳簿上睡大觉"，而是不断探索，在基本实现硬件均衡、师资均衡之后，逐步走向促进个体均衡发展的阶段。

日本近代能够跨入世界强国行列，教育为其提供了坚强后盾，而保证教育公平是日本教育发展的灵魂。可以这样认为，日本教育公平程度之所以世界领先，是因为牢牢抓住了教育机会平等、教育设施统一、师资配置平衡等关键问题。

从教育机会方面看。在法律保障下，日本教育机会的公平性体现在各个方面。日本《教育基本法》规定：凡是日本国民，无论人种、信仰、社会身份、经济地位以及门第出身，都不应受到区别对待；对待身体有残疾者，国家和地方团体应根据残疾状况，进行必要的教育方面的支持，以保证其接受足够的教育；无论个人学习能力如何，对于因经济原因而就学困难者，国家和地方团体都必须采取助学措施。日本在发展教育方面始终遵循"有教无类"的原则，此次，日本文部省为贫困学生"开小灶"也是一个例子。

从教育设施方面看，日本无论是乡村学校还是城市学校，教学设施都按照国家标准统一配置，基本没有差别。各地学校的建筑模式、场地大小都采取标准化配置。笔者曾前往日本青森县的一所乡村高中，该校虽然是一所乡村学校，学生也只有

100多人，但配备与东京中心城区的学校几乎完全相同：一栋多功能的教学楼、一个体育馆、一个运动场、一个游泳池，一应俱全。教学设施不因外部条件和地理位置的区别而不同，这就保证了所有的学生都能享受同等条件的教育基础设施。

从师资方面看，为了避免优质教育资源向部分学校倾斜，形成重点学校，日本很早就意识到，学校硬件均衡只是确保教育均衡的第一步，真正决定学校好坏的关键要素是师资水平。因此，在教育制度的设计上，日本教师属于公务员序列，国家不能随意解聘，工作相当稳定。为了实现各个学校的师资平衡，二战后的日本形成了一个很好的制度：教师经常性地流动，一位教师在一所学校最长只能任教7年，没有教师在一所学校工作一辈子的。在任何一所农村学校，都有城市学校轮岗过来的教师。同样，在任何一所城市学校，也都会有农村轮岗交流的教师。正因为教师在一个地区之内保持了一种制度化的流动，因而在很大程度上保证了一个地区总体教育水平的相对均衡。因此，日本义务教育阶段不存在"择校"这一说。由此可见，日本的教育原则，最根本的一条就是保障每一位国民平等、充分地享有受教育的权利，特别是义务教育阶段的权利。日本的一切教育制度都是围绕这一原则来制定并实施的。经过长期不懈的努力和实践，这一观念已经渗透进了日本国民的思想深处。可以说，教育公平原则的树立和实施，是日本教育的灵魂所在。

日本注重儿童理财教育启示中国

每年的岁末，家住东京的小学生吉田佳惠就急切地盼望新年尽早到来。因为除了吃年糕和长寿面，更令人欣喜的事情莫过于拿到大人们给的压岁钱。

和中国春节的习俗一样，日本儿童在新年里也会得到压岁钱，而且数额随年龄有所增长。少则两千多日元，多则一万多日元。积少成多，进账为数不小。

对于这样一笔为数不薄的收益，如何管理与支配是一个重要问题。在中国，相当一部分孩子使用压岁钱时乱消费或高消费，折射出他们较差的理财能力。许多中国家长也不大注重培养孩子的理财能力。殊不知，在现代社会，"财商"已经与智商、情商并列为是现代社会三大不可缺少的素质。

不少专家认为，中国儿童、青少年接受理财教育势在必行。而在这方面，应该取经日本。那么，日本到底有哪些经验可供学习呢？

"父母是孩子的第一任老师"。日本家庭对开展理财教育异常重视。尤其是近年来由于经济不景气，勤俭节约更是成为日本人推崇的观念。虽然零用钱由孩子自己支配，但父母不会忘记叮嘱他们节省使用和储蓄。而且，即使富裕的日本家庭，父母们也不会因此而无限度满足孩子的要求。比如买玩具，每个月只能买一个，想买另一个要等到下个月。随着孩子年龄渐长，父母们还会要求孩子准备账本来记录零用钱的收支情况。

日本父母上述做法的成效，可通过日本珠算教育联盟在金融风暴席卷全球后所做的调查得到证实。2009 年 2 月，东京市接受该联盟调查的 300 名 4 ~ 6 年级小学生，普遍表示攒够一定数额的零用钱就会存起来。85.7% 的小学生回答有存款，其中约 60% 的人回答存钱的理由是"为了将来"。

可见，日本父母的做法既在日常生活中向子女灌输了正确的财富观念，培养了子女的理财能力，又为他们日后向下一代传授经验打下了基础。

有研究表明，青少年金钱观的萌芽期在 6 岁以前已经形成。这意味着，对幼儿开展理财教育是必要而且重要的。对此，日本幼儿园教师寓教于乐，让幼儿在游戏中学习理财知识。

以秋田市私立山王幼儿园为例，孩子们在游戏课上聚集在模拟柜台前，扮演各种经济角色，分别从事询价、购物、找钱等行为。为了让孩子体会"劳动创造价值"，幼儿园开设了"珊珊银行"并发行专门的"货币"，作为对幼儿帮助他人的报酬。此外，幼儿园会要求孩子体验生活，比如外出步行一段时间，然后购买车票乘车返回，理解步行的艰苦和车票的价值与用途。不论哪种方式，都让孩子在幼年阶段就接触到了市场经济的理念和知识。

理财是一项实践性很强的社会活动，为了让孩子们有更为直观的感受和了解，社会各界也非常重视。

比如东京证券交易所等证券机构，专门向孩子推出了学习股票知识游戏软件，孩子们可以根据实际股价进行模拟交易，在游戏中逐渐掌握操作方法和相关的财经知识。这项活动自 1995 年开展至今，已有 2 000 多所学校运行这一软件，近万名中小学生和学前儿童学习了股票知识。

又如青少年成长中心在日本教育部门、品川区政府和花旗集团的资助下首次在日本办起的"学生城"。繁华的商业街被搬到学校里，学生们在银行、便利店、公司努力"工作"，一丝不苟地履行义务和责任，在这一过程中对成人世界、赚钱的甘苦有初步的了解，为将来的科学理财打下了坚实的基础。

当然，国情不同，日本的经验不便全盘吸收。但对于市场经济蓬勃发展的中国而言，今日培养孩子的财富观念和理财能力，才能让他们往后在经济活动中从容应对，适应社会的发展和变化。

"校园安全"转向"社会工程"

　　创造过各种各样神话的日本，还曾经有过"校园安全神话"。日本的校园曾经被看作是教育的圣地，同时还是地方政府规定的自然灾害发生时候的避难地，是社区居民活动的场所之一，是大选时候投票的一个地点，因此，校园的"安全指数"一直是最高的。

　　但是，自从 2001 年 6 月日本大阪教育大学附属池田小学发生了 8 个小学生不幸被杀的事件以后，2003 年日本京都府宇治市宇治小学又发生了一个男人持刀闯入学校，造成一年级两名学生受伤的事件；2005 年 2 月，日本大阪府寝屋川市立中央小学则发生了一名 17 岁青年持刀闯入学校，在教师办公室刺伤男女教师，导致一名男教师死亡的事件。2007 年 7 月，日本宫城县大乡町町立大松泽小学门前，发生了一名精神病男子持刀杀伤一名 11 岁女学生的事件。结果，日本"校园安全神话"也因此破灭。

日本国立教育政策研究所总括研究官立田庆裕告诉笔者，以往，日本校园安全问题往往出现在厕所里面学生受到猥亵、校园内发生盗窃事件等等。或者说，以往校园安全事件集中在交通安全、食品安全、心理健康安全等方面。但是，2001年以后，校园安全事件发生了质的变化，人身安全成为突出的重要问题。至于为什么会成为这样，专家们的分析是不一样的。有的认为这是日本社会一种"强欺弱"现象转移到学校的一种表现，有的认为这是日本社会进入到"少子化"时代后人们对孩子更加珍惜，所以犯罪者为了引起社会更多的瞩目采取这样的行为；还有的认为这个犯罪者心理变态，为了对社会进行更加疯狂报复做出的事情。在每个事件中，这些原因可能同时并存，也可能单项突出，这也显示出日本的"校园安全问题"不能仅仅靠教育部门来重视解决，而需要全社会来协调维护了。

从2001年池田小学发生8名学生被杀事件以后，日本各地对校园安全问题日益重视。

从社会协调上看，日本一些地区从幼儿园开始，就有辖区派出所警察定期到学校巡查、讲座，并通报近期治安动态，以加强对犯罪的威慑，增加孩子、家长和老师的安全感。许多校园门口配有校方的警备员、保安，在学生上下学时在校门口、交通路口维护孩子们的安全。从2010年开始，大阪府地区由于经费紧张，难以维持雇用保安公司组成的校园警卫队，一些家长和志愿者就组成了市民安全守卫队。这里，需要与中国进行比较的是，中国小学的校园门口，每逢上学和下学的时候，都是家长云集，车来车往。但是，这些家长还没有投入到校园安全保护这个系统中去。与此同时，日本政府还把大街小巷的商户纳入全民保护孩子的防范体系，凡参与的商户都会在商店醒目位置张贴特殊标志，孩子上学或放学路上若遇到侵害，可以迅速到这些商家求助。如遇拒绝或懈怠，这些商家将承担法律责任。这样，一个由学校、警察、家长、社区结成的校园安全防控网络基本形成。

从装置上看，日本许多校园安装了摄像镜头，有的一个校园就安装几百个，每个班级里面还安装紧急呼叫铃，不留一个死角。最近几年，市场上推出带有 GPS 定位功能的儿童手机，也深受欢迎。遇到紧急情况时，学生只要用力拉手机的挂绳，手机警铃就会鸣响，同时会把自己的所在位置发送到事先指定的设备上，而父母随时可以通过电脑等设备确定孩子的位置、掌握孩子的行踪。日本防止犯罪设备协会专务理事铃木邦芳表示，如果仅仅安装防范装置，不去提高防范意识，还是不行的。

从这些内容可以看出，"校园安全"问题也构成一个社会综合工程体系了，仅仅依靠学校和警方乃至保安是无法保证的。

日本的生命安全教育值得中国借鉴

2013年中国教育部曾在其官网就多起中小学生溺水事故进行紧急通报。短短几天内，全国连续发生数起未成年人溺水事故，造成多名中小学生溺亡。

夏天刚刚开始，连串的学生溺水事故占据了诸多媒体的版面。一个个鲜活的生命过早地凋零，让人无比痛心。每到夏季这个时节，学生溺水事故频发，周而复始，一再轮回。认真分析有关新闻报道，可以看到很多中国学生缺乏最基本的安全意识，以及自救能力。

之后有几起学生救人溺亡的事件，又引起了中国全社会关注。溺水的学生几乎都不会游泳，出现危机时，根本不知道如何应对，情况往往是，几个学生手拉手救人，结果人没救上来，救人的学生也溺亡了。

很多中学生在考场上独占鳌头，所向披靡，在世界奥林匹克竞赛中，斩获诸多荣耀。可在生活中，连最起码的自救能力都不具备，遇到突发事件时，基本的应急常识都没有，此中原因发人深思。以分数为核心的教育评价体系太过于看重学生的分数，导致对学生的生命安全教育一直处于被忽略的状态。

相比之下，日本是一个比较注重安全教育的国家。日本教育界认为，小学是最适宜进行安全教育的时期，因为儿童最易接受安全指导并转化为行动，养成良好的安全习惯，如果错过了这个关键时期，将会在孩子今后的人生中留下极大的隐患。日本的安全教育内容包括生活安全、交通安全和灾害安全三个方面，根据学生的年龄阶段进行教育，并起到了良好的效果。

比如说，在班会中，教师常围绕有关生活安全、灾害发生时的安全防范、尊重生命、环境问题等设定一些主题，与学生开展谈话讨论，并采取多种形式进行安全指导。在指导时，教师还根据季节的情况（特别是在暑期放假前），配合全校活动计划或者是抓住事故发生后的关键时机进行指导。

日本的安全教育很大的一个特点是，发挥学生的自主性，如组织大家对上学、放学路上的各种隐患进行实地调查，哪里行人稀少，哪里容易突然冲出车辆，哪里正在施工，等等。还让学生亲自参与实践和体验，学校经常组织演习，当火灾、地震等重大灾害来临时该怎样面对，哪些做法是正确的，哪些是错误的，学生在实践中不仅学到常识，更提高了能力。

　　防患于未然，安全教育重在平时的学习与实践。在中国，很少有学校组织学生演习等实践活动。安全教育可以说是日本的传统与强项，对学生的安全教育已经形成体系，有良好的经验可供中国借鉴。保护好学生的生命是教育部门不可推卸的责任，加强安全教育，刻不容缓。

日本高考也是"皇帝不急太监急"

"有人从此开始，有人到此结束"。用这句话来形容中国的高考是很贴切的。高考，被很多学生家长定义为孩子前18年的人生目标，认为顺利地过了这个"路口"，以后才会一路康庄。为此，家长们会让孩子去上各种各样的补习班、把他们学习以外的生活管得死死的，经常自嘲这是："皇帝不急太监急。"

同中国一样，高考也是日本高中生的必经之路，被称为"大学集中考试"。除了部分体育特长生和保送生外，其余考生必须要拿着这个考试的成绩，才能到各个学校去参加入学考试。日本高考生报考大学没有限制，也没有统一的报名或"一本"、"二本"之分。每所大学都有象征难度的"偏差值"，考生通过几次模拟考，大致能知道自己可以考上的学校。

如今，由于日本的就业形势越来越紧张，高中生的家长们也开始着急。虽然考上好大学并不代表能找到好工作，但家长们督促孩子学习的劲头却一年比一年足。河合塾、进学塾、早稻田塾、骏台、东进、Z会等全国连锁的补习学校争先恐后招生，及时解决了家长们有劲没处使的烦恼。

当然，由于这种补习学校越来越多，招生也成了学校的一大难题。为了显示自己的竞争力，除了以东京大学、京都大学、九州大学这样的"难关大"升学率说话之外，各学校也自然不会放过高考这个展示的舞台。1月19日、20日两天是2013年的高考日，到了21号各补习学校就已经贴出了考试答案及问题解析。

由于补习学校间的竞争日趋激烈，今年还出现了日本高考史上第一次考生提前交卷，将考题带出考场的情况。1月19日，一名19岁的女生在长崎市活水女子大学考试时，只答了30分钟题就要求交卷，并将文综科（地理·历史·公民）试题带出了考场。经过调查得知，她是受了补习学校老师之托，为了让该学校最早贴出标准答案。

其实，日本高考的考题会在全部考试结束后刊登出来，而该补习学校却连一天都等不了。后来经调查得知，这名老师还托了另一名学生带试题给他，学科范围涵盖国语、外语、数学等学科。是什么让补习学校的老师，不惜牺牲自己学生的前程，也要提前一天贴出标准答案呢？说到底还是为了扩大影响，便于招生。

由于近年来日本社会不断地反对宽松教育，目前只有高中还在施行这种减轻学生负担的教育方式。然而严峻的就业环境让家长不得不依靠补习学校，来填满孩子的学习时间。高中生不上补习学校几乎是不可想象的事情。2013年参加高考的高三学生仅有约60万人，补习学校可容纳的学生数却远远超过了现有生源。

　　高考前几个月，已经能看到不少背着鼓鼓囊囊书包的高中生，与上班族们一起挤晚上九十点钟的电车。很多公立学校的学生，在补习学校待的时间甚至超过了学校。不只考生们的家长着急，补习学校的老师们看来也并不轻松。这让人想起中国推行减负教育时流行的一句话，"减负等于加正"。

名门学府居然开设"做饭塾"

自 2013 年 4 月开始，日本九州大学开设了一堂别具特色的新课——"自己做饭塾"。专门培养高精人才的日本知名学府要教人做饭啦，这可真是个新鲜事儿。

"自己做饭塾"在大学生中的反响，超出了校方的最初预想，前来申请选修的大学生人数超出了规定名额的 5 倍。为什么这种做饭课会如此之火呢？

说来，首要原因就是日本大学生的钱包缩水严重，自己会做饭比较省钱。2012 年日本全国大学生活协同组合联合会实施的"学生生活实态调查"结果显示，在过去 10 年间，日本大学生的每月零花钱由 1991 年的 90 450 日元降低到 2011 年的 69 780 日元。租房住的大学生的每月平均饭费是 22 900 日元，和 1976 年的调查结果相同。而 1976 年的物价却又比现在便宜多得多。光是零花钱减少还不算，更有越来越多的日本大学生需要依靠助学金才能顺利毕业。2010 年，日本大学生的助学金领取率是 50.7%，比 1990 年的 21.8% 增长了两倍多。

记者还了解到，在选修"自己做饭塾"的 30 名大学生当中，有一半左右的每日平均饭费在 500 日元到 750 日元之间，有三分之一的学生将每餐的开支限制在 200 日元到 250 日元之间。而 200 日元，在日本是一个白面包和一瓶水的价钱。

其次呢，"自己做饭塾"以实际操作为主，可以在省钱的同时，学到做饭技巧，更好地管理个人健康。日本公司里有句话，叫做"健康管理也是工作内容之一"。人事部门在权衡聘用、晋升的时候，毫无例外地将员工的身体情况作为审核条件之一。没有较好的革命本钱，如何能较好地对应高压力、大负荷的工作内容，又如何能为公司做长期贡献？

处于"就业冰河期"的日本大学生们也认识到了这一点。岐阜县出身的九州大学经济学部大一生奥田慎司说："比如炒菜该放多少油什么的，这些做饭时的小细节，我不知道的太多了。将来上班后也还得一个人住，我选这课就是想知道点儿做饭的常识，以后好自己照顾自己。"

据校方介绍，"自己做饭塾"还会请来料理研究家进行现场指导。而且诸如"买来的蔬菜一次用不完"、"做饭花费了太多的时间"、"每天都做一样的饭菜"等初级、低级苦恼，老师也会为学生们做出解答。

最后，选修"自己做饭塾"，不仅能省钱、学技巧，还可以通过吃饭、做饭来拿学分。据负责该课程的九州大学大学院农学研究院助教比良松道一介绍，"自己做饭塾"一学期共计 15 堂课，成绩评估主要看个人实际做饭的次数。学生们要将自己亲手做的饭菜照片和感想上传到 Facebook 的专用网页上，做一次饭就加一分，做的次数越多分数也就越多。

比良松道一还说："学生们到高中毕业为止，主要精力都放在了学习和学生俱乐部活动中，谁都没有教给他们如何做饭。虽说学生们在选课时，也有为了节约开支而不得不学习做饭的目的，但我希望他们能同时了解到饮食生活变化与健康、医疗、农业的紧密联系。"

像这样又省钱，又能学以致用，还容易拿学分的课程，大学生们又怎能轻易"放过"呢？

至于"自己做饭塾"老师所说的，"学生们到高中毕业为止，主要精力都放在了学习和学生俱乐部活动中"，这在中国不也是一样吗？从小学到高中，中国家长对孩子们说的最多得恐怕就是，"你只要把书给我念好就行了"。而近年来，记者在日本还看到不少 90 后中国小留学生"带着保姆来留学"，也就是有妈妈陪读，专门负责照顾她们的饮食起居等。

像这样的"自己做饭塾"，中国的大学其实也不妨一试。

日本不允许大学成为负能量的温床

其实，一直自称"亚洲民主典范"的日本，在大学教育里面是非常"讲政治"的。第二次世界大战后，日本短短几十年间便跻身发达国家行列，除了经济、科技等领域的成就外，思想教育工作也是功不可没的。

当时，作为一片废墟的战败国，日本不仅需要经济重建，还面临信仰危机，青少年中出现了严重的道德滑坡、拜金主义等现象。但是，这代年轻人不仅没有变成"垮掉的一代"，反而成为支撑日本经济腾飞的"团块世代"，这其中思想教育起到了至关重要的作用。

二战后，日本以大学生为"龙头"，以大学课堂为"战场"，竖立起了整个社会的精神支柱。政府首先提出了奋斗到底的"大和精神"，并培养具有"完美人格"的公民，以提升日本的国家软实力和民族凝聚力。大学将培养目标"智德体"的排列顺序改为了"德智体"，从而突出了思想道德教育的地位。

在国家干预下，日本的思想教育由政府指挥，文部省操作执行，学校实施课程管理，并实行行政干预措施，统一把握和协调，以便有效推行民族价值观，促进高校道德教育系统化，完成对国民价值体系的构建。

与此同时，日本采取立法手段确立了教育实施依据，在《教育基本法》和《学校教育法》的基础上，设立了一整套教育法令，对思想道德教育的目标等做了明确规定，以保证各项教育措施有效施行。

私立和公立大学的课程具体设置虽然有所区别，但是核心都是为了实现国家的思想教育目标和理念。大学的教师们会拿出政府的各种政策作为例子，组织学生们展开讨论并提出完善意见，最后形成相对正式的报告书。有"背景"的教授还会通过各种渠道，将报告书送到决策者手中，供他们参考。

尽管许多日本大学老师是日本共产党员，但校规不允许他们在课堂上宣传自己信奉的主义。一味攻击政府的高校老师，会被认为"政治倾向有问题"、"缺乏客观性"、"不专业"，招致大多数学生的反感，甚至因触犯相关法令而被学校解聘。总之，大学里可以对政府政策公开讨论并提出建设性意见，但不允许为攻击而攻击。

为此，日本甚至不惜出动警力，偶尔还会闹出一些风波。2014 年 11 月 4 日中午，京都大学吉田校区的学生发现，校内出现了警察。当时，一些师生在校园内派发反政府的政治传单，进行演讲。在大学校园里干这种事，属于"过激活动"。警方立刻进入校内调查，结果与学生发生冲突。警方出动了上百名警察处理此事。事发地点周围停满警车，引起很大骚动。京都大学副校长杉万俊夫此后表态称："发生这样的事情实在遗憾。我们会开展详细调查。"

可见，日本将大学当作了思想教育的重要基地，绝对不允许其成为滋生负能量的温床。甚至在社会上可以开展的各种政治活动，在大学里都得悠着点。

校车安全管理对"人"下功夫

　　"我们不知道哪辆校车里的孩子，将来会是科学家、艺术家、政治家⋯⋯"校车，绝不只是搭载学生上下学的一种交通工具。它还承载一个国家与民族的未来——青少年。

　　近年来，中国社会发生的每一次校车安全事故都让人痛心疾首，幼小生命的突然逝去，给他们的家庭带来无法弥补的心灵创伤，也给国家和社会带来重大的损失。在严厉追究责任的同时，实在还需要反思为什么会频繁发生这样的事故？究竟应该如何进行防范？

　　在日本社会，校车是标准的"特权车"。虽然有了各种严格的制度设计，但确保任何环节不在"执行人"上出问题，是日本的重要经验之一。据统计，从 2010 年 7 月以来，日本没有发生过一起造成学生死亡的校车安全事故。

　　笔者曾经询问过不少日本民众对校车安全事故的看法，他们的回答让人震撼："让校车出安全事故是恶性犯罪"、"那些责任者与杀害儿童的凶手没有什么区别"……日本社会对校车安全事故可谓"零容忍"。

日本上一起重大校车安全事故发生在2010年7月27日。某托儿所校车送孩子上学时，一位老师误以为所有孩子都下车了，而忽视了坐在最后一排睡觉的孩子。老师在课间发点心时才发现少了一个孩子，但是，已经晚了。这个孩子就这样在闷笼般的校车里待了3个小时，以至于中暑而死亡。

事故发生后，接连几天成为日本各大媒体的头版头条，口诛笔伐的声浪丝毫不亚于逼政府下台。而网友更是爆料称，这名疏忽的老师此后数次自杀未遂。

喜欢日本动画片《蜡笔小新》的朋友可能还记得，调皮的小新一次次在校车内与吉永老师、松坂老师"斗智斗勇"的搞笑情景。日本的校车除了一位专职司机外，还必须有一位全程陪同的指导老师。托儿所校车事故发生后，各幼儿园和小学明确规定，校车上除专职司机外，还得有两名老师照顾孩子。每次上车时，老师必须先下来数清孩子人数，并送上车，自己最后再上；下车时，老师则要先下来，再数一遍人数，挨个扶下车，亲手交给家长。

"那起事故给了我们当头一棒，也让我们清楚地认识到孩子生命的脆弱。有了制度不认真执行，什么都是空谈，一点大意不得。"一位日本的老师深有感触地说。

至于校车的司机，也不是谁都可以担任的。私立学校一般由学校购买校车并招聘司机，如果是公立学校或自然条件受限的私立学校，则由地方政府购买车辆并招聘司机。而对校车司机的要求，各个学校都非常严格。

一位日本教育部门的人士向笔者透露，对校车司机的要求包括十年以上没有交通违章记录，同时拥有社会服务经验。有些学校甚至会对应聘司机进行心理测试，考查他们的情绪管理能力。所以，日本中小学生看到的"校车叔叔"，往往都是一张亲切和蔼的笑脸，每天的好心情也从登上校车的那一刻开始。不少小学生甚至将"校车司机"当作"长大后最想从事的职业"。这样经过重重考验的校车司机，自然可以将安全风险降到最低范围内。

此外，配置"高大上"的日本校车以"超萌"闻名于世，其实不仅仅是"卖萌"这么简单。校车车体上通常印有HELLO KITTY、龙猫、海贼王、叮当猫等大家耳熟能详的动漫形象。可爱的外观不仅能让孩子们身心放松，还容易引起周围车辆的注意，是一道特殊的"安全护身符"。

除了对老师、司机、车辆的管理，提高学生在发生校车事故时的避难能力，也是各个学校的教授重点。很多学校甚至将此与人生观教育成功结合起来。熊本县一家幼儿园的老师在博客上写道："今天，我们举行了校车发生事故时的避难训练。所有老师与孩子都参加了训练。我们设想一辆车与校车相撞，孩子们从后面的紧急门下车求助。不厌其烦地一遍遍演练，直到孩子们能够熟练掌握自救、抵达安全场所的技巧。平时，我们告诉孩子们'要紧紧抓住保护杠'、'行驶时不要站起来'、'不要在车内大声说话'，他们可能不理解。演练中，我们模拟这样做时会发生怎样的可怕后果，孩子们个个都惊呆了。通过避难训练，我们不仅让孩子们增强了安全意识与自救能力，还让他们深刻理解为什么必须遵守规则！"

将公平作为高等教育核心理念

"在这无比重要的一天里，考生大都穿着黑色的正装，就连监考老师穿的也是黑衣服。考场里只听得到沙沙的答卷声，老师甚至很少走动，以免影响考生的思考。气氛严肃而庄重，很有点儿压抑的感觉。" 一年一度被称为"全国共同学力第一次考试"的日本高考，对于日本学生来说，是人生的重要转折点，丝毫不敢马虎。

日本堪称"学历社会"。每个人的地位、收入、受尊重程度，往往由学历以及毕业院校的知名度来决定。考入一所好的大学，就意味着站在了一个更高的起点上。而如何保障大学录取的公平，日本经历多年探索，已经形成了一套相对有效的制度。

从 1979 年起至今，日本的高考一般分两步进行。1 月举行为期两天的统一考试，称为"全国共同学力第一次考试"。这是由日本文部科学省下属的"大学入学考试中心"统一命题的全国考试。2 月中旬至 3 月底，各所大学再以考生成绩为基础，进行第二次"自主考试"。这种制度既保证了考生成绩必须达到一定标准，又保证了大学招生的自主性与灵活性。

日本的大学没有一本、二本等划分标准。考生可以同时报考多所大学，也可以同时被录取，因此大学档次很大程度由考生"用脚投票"决定。报考人数多、最终入校率高的大学，相关标准自然也就水涨船高。而一旦教学质量下降遭遇差评，从报考人数和最终入校率上很快就能显现出来，为了招满计划人数也只有降低标准。所以，日本大学的等级不需要采用行政措施来评测，而是由"考生市场"来决定的。这种体制既保证了各个大学靠实力说话，又保证了考生的自由选择权。当然，这个世界是没有绝对公平的。日本"国立"的东京大学、"私立"的庆应大学等名校因为积累了丰厚的教育资源与知名度，一向是"皇帝的女儿不愁嫁"。不过，如果这些名校不思进取也会坐吃山空，他们时刻面临考生评价及被其他学校赶超的压力，不敢懈怠。

此外，日本"全国共同学力第一次考试"实行全国统考，各个大学以此为基础划定分数线，没有任何地域差异。各校对全国各地的考生一视同仁，即使是校内面试主考官也不知道学生的籍贯。大学如果在招生过程中出现地域倾向，很可能被学生以歧视告上法庭，那是要吃官司的。

为了防止优质教育资源过于集中，无论是高考政策、法律规定，还是社会意识等方面，机会均等都是日本教育的最高理念。早在明治维新时期，明治政府就开始大力推行全民义务教育，做到最大限度地让每个人都能有机会接受教育。在高等教育方面，纠正地域差距是政府的核心政策。二战后，日本不仅将保障教育机会均等的条款写进了宪法，而且成为新出台的《教育基本法》的基本理念。

其中，"一府县一大学原则"最具代表性。1948 年 6 月，日本恢复战后教育时，首先确立了保证教育公平的原则。文部省认为，应当避免大学在大都市扎堆，同时确立了每一个府县都应有一所国立大学的方针。方针的具体内容包括：除北海道、东京、爱知、大阪、京都和福冈等少数特别区域外，将同一区域内的公立学校合并为一所国立大学；而且国立大学不得跨府县设立学部或分校。此后，日本又将高等教育地方平衡政策作为全国综合开发的国家性政策，既保证了教育资源配置的公平，也缓解了由教育压力带来的城市人口集中。

在日本历届政府的努力下，教育公平得到了较好的保障。现在，即使在名校集中的东京地区，很多学生也会选择报考其他地区的东北大学、京都大学等，各地区教育差距明显减小。

此外，日本考生也不是"一考定终身"。首先，考得不好的考生可以下次再考，相当于中国的"复读生"。日本的"复读生"分为两类：一类是往届落榜生，在日本被称为"浪人"，一次高考失利称"一浪"，二次失利称"二浪"，三次以上统称"多浪"；第二类是已经升入大学，但由于所在大学不理想，想再考一个好大学而参加高考的学生，这类学生被称为"假面浪人"。他们为能考上理想的大学，想方设法进行补习。日本最有名的代代木教室、河合塾、骏台预备校等补习学校，就以擅长收集各种私立、公立大学的考试资料和信息而著名。不过，补习学校的收费并不便宜，单科补习往往每年就要15万日元，进入一所好学校全面补习约需100万日元，相当于普通大学一年的学费，如果再将生活费计算在内，"复读"的代价是非常高昂的。但是，从另一种意义上说，这也是对应届高中毕业生的公平。

更为重要的是，日本各个大学的"一般入学选拔"并不局限于考试成绩，还有测试综合能力的校内考及面试，不少学校的笔试与面试分值比例甚至各占一半。而且，日本各个大学还有"推荐入学"和"AO入学"。

"推荐入学"是私立大学招生的重要形式。以调查书、推荐书等资料为录取新生的主要依据，部分学校还要进行面试或小论文的考试，更多的学校则是选择完全免除对学生的学力考试；"AO入学"（Admission Office）则是考生通过递交自我推荐书，到大学面试和体验教学，一般能获得正式申请资格的学生都有极大被录取的可能性。

虽然考试形式多样，但为了金榜题名日本考生也需要付出艰苦的努力。他们有着"四当五落"的说法：如果每天拼命学习只睡 4 个小时，就能考上大学，要是多睡一小时，每天睡 5 个小时就会落榜。

日本考生绝大多数是不会"拼爹"的，能够拼的只是自己的耐力和意志。

困境与危险

日本为何再次出现高中生辍学现象

辍学，这个经常出现在不发达国家的名词，如今又再次频繁出现在了日本媒体上。自20世纪90年代房地产泡沫破灭以来，日本除了经济不断衰退外，教育也在走下坡路。曾被称为"精英摇篮"、备受人们追捧的大学，现在却是各种"补习班"在招摇过市。大学如此，高中的情况就更为严峻。如今，越来越多的日本高中生因种种原因，辍学回家。

日本NHK电视台曾播出过一档关于高中生辍学打工的节目。一个班里共有32人，其中竟然有17个人中途退学。虽然原因有很多种，但最主要的还是"上不起学"。

该班一名退学女生称："父母在我中学时就离婚了，我还有3个哥哥，都跟着妈妈。妈妈长期生病，哥哥们就辍学打工，供我上学，帮妈妈治病。看到他们这么辛苦，我不想让他们这么累了。"如今她在一家超市打工，由于未满18周岁，因此每月只能拿到很少的薪水，但在她眼里，也是非常知足的，因为哥哥们可以用挣来的钱做喜欢做的事了。

然而，这个小姑娘并不是特例。虽然没有日本官方的统计，但据《西日本新闻》报道，从 2010 年到 2015 年，因经济原因辍学的高中生至少有 5 385 人，其中九州地区竟然有 754 人。因经济原因，长期不上课的高中生单单在 2014 年就达到了 2 044 人，这些学生基本上可以判定辍学了。

造成高中生辍学的最主要原因还是贫困。20 世纪 70 年代，日本经济处于高速增长时期，日本人的收入大幅提高。然而，20 世纪 90 年代初经济泡沫破裂后，日本民众的收入开始持续减少。有些上班族扣除各种税费后，到手的年工资只有 100 多万日元。由于高中不属于义务教育，需要交学费，而日本公立学校高中生，每年的花费约为 40 万日元，私立学校则将近 100 万日元。这对一些家庭来说，简直是天文数字。这是高中生辍学的直接原因。

另外，日本政府鼓励生育也是造成贫困的间接原因。如今的日本面临严重少子化问题，日本政府也是不遗余力鼓励民众生孩子。就连"国民男神"福山雅治宣布结婚时，日本内阁官房长官菅义伟也不忘催他们快生孩子，为国家做贡献。很多年轻人只看到了生孩子时国家会给一定补贴，但没看到孩子上高中、上大学的巨额花费。而多孩子家庭的辍学率必然高于独生子的家庭。于是，很多家庭一辍学就是兄弟姐妹几个。

　　最后，日本人已不再向往上大学。由于少子高龄化导致孩子越来越少，日本很多大学都招不满人。为了维持学校运营，很多学校就降低了录取标准。这导致日本大学生的水平参差不齐，差异极大。而大学的学费动辄上百万日元，这对上不起高中的学生来说，更是可望而不可即。除此之外，很多大学生进入大学后就开始吃喝玩乐，荒废 4 年后拿到的工资还不如中学同学多，这也让很多学生对大学望而却步。

　　众多原因，让日本高中生停止了继续求学的脚步，而大学生人数的减少，也势必影响日本的科研水平，导致企业资金匮乏，大学人才短缺。这样下去，日本的科技大国地位还能保持多久？

学校"部活"多让师生累成狗

　　强烈的集团意识，是日本人赖以生存的"法宝"之一。这种意识不但体现在走入社会后的公司等职场上，也深刻反映在各级学校中。其中，最具代表性的当属各种校内兴趣小组的"俱乐部活动"，日语简称"部活"。由于"部活"集人际交往、集体活动、培养兴趣等多重功能于一体，长年来一直是日本学校文化的重要组成部分。然而，近年来，"部活"正在悄然变味。

　　看名字就知道，涉及外语学习、体育运动、音乐书画等各领域的这种兴趣俱乐部，原本应建立在自愿基础上。不过，根据日本机构的统计和调查，"部活"在越来越多的学校里变成了一种强制性项目，被校方写入校规。即便是没有做出强制的成文规定的学校里，高达9成的学生也加入了各类俱乐部。

　　一时间，师生成了各式俱乐部的"奴隶"，学生们对挑选和加入俱乐部不敢掉以轻心，老师们则因负责俱乐部指导疲惫不堪。不仅如此，不少俱乐部指导老师拿着 4 天不足 3 000 日元的指导费，无奈地充当"半志愿者"，苦不堪言。

那么，本应成为学生繁忙学业之外的轻松调剂的"部活"，为何却成了师生的共同负担？究其根源，除了日本学校延续着以"部活"促进集体生活的因素外，似乎还有着更多新的成因。

首先，全国校际大比拼成风让学校头顶名誉压力。善于发挥集体合力的日本社会，向来钟情于举办各类集体表演比赛，女子合唱团大赛、男子吹奏乐冠军赛，而校内兴趣俱乐部大多是其主力。有比赛就有名次，就有声誉。这让原本以兴趣为宗旨的俱乐部活动，变得更"功利"。学校为了量化目标，也只好使出全力，从而把"入部"压力转嫁到师生身上。

其次，学生能力与成绩评定和"部活"挂钩。自 20 世纪 80 年代起，日本教育界出现"不以纸面成绩论英雄"的意见以来，"部活"开始成为素质教育的代名词，体育、文艺活动能力也被当作"全面发展"的硬标准之一。随着学校竞争、学生竞争的白热化，本为培养业余爱好与兴趣的"部活"，逐渐走到台中央，影响着学生的在校评定。

最后，为了填充单调无味的学生课余生活。受到社会整体发展阶段的影响，时代的闭塞感也在向学校蔓延。在生存危机、社交障碍等各种顽疾面前，"部活"也成为不少学生寻找自我精神安抚和归属感的方式之一。换句话说，找到了"组织"，心里才踏实。

其实，"部活"原本是学校内部的一种自主活动形式，但从学生评定到学校名誉，甚至到某些职业体育、音乐选手的培养，都被挂靠在小小的"部活"上。以至于一些日本教育专家开始高呼，要马上为"部活"减负。但是不管怎样，日式"部活"的存在，虽然有利有弊，但仍然是无法忽视的日本社会文化之一，值得观察和研究。

教师竟沦为自杀高风险职业

　　东京地方法院曾作出裁定，2006 年 10 月某公立小学死亡的女老师属于"因公自杀"，也就是说被认定为"工伤"。消息一出，就立刻引发了日本民众对"教师是自杀高风险职业"的热议。日本共产党参议员田村智子更是直接对文部科学大臣驰浩提出了质询。

　　女教师自杀时年仅 25 岁。2006 年 4 月刚上任，一名老师就给了她下马威："新人随时都有可能被开除，别想着请病假、缺勤，这就是在偷懒！"有了前辈的"教诲"，她不仅工作十分认真，而且小心翼翼。即使这样，还是招来了家长的不满。一位家长在得知课堂小测试是学生互相打分后，认为占用了自己孩子的时间，要求老师自己打分。由于没有给家长满意的答复，家长闹到了学校。校长为了平息事端，要求她在全校谢罪。

　　有了这个"污点"，这位女教师处处遭人指责，工作不到 3 个月就被诊断出患上了抑郁症。朋友劝她好好疗养时，她对友人说："因为是新人，不能休息。"她告诉母亲："每天晚上，都有家长打电话来责备我。我每天都在痛苦中度过，但是，我想成为一名教师，只能忍受。"

终于，长期的抑郁让她走上了绝路。然而，地方公务员灾害补偿基金会却并不认为她是"因工作自杀"，而是"心理脆弱"。女教师的父母不服，于是向东京地方法院提起了诉讼。

其实，教师自杀在日本并非个例。日本内阁府发布的数据显示，2014 年共有 103 名教师自杀，其中男性 69 人，女性 34 人。自有统计以来，每年日本都有超过 100 名老师选择自杀，2010 年甚至达到了 163 人。学校本是教师传道、授业、解惑的地方，为何竟变成了教师们的"催命所"？

首先是工作时间长，工作压力大。日本上课时间各地不同，但相同的是老师们要比学生们早到学校，而加班加点更是家常便饭。就连曾经当过老师的日本文部科学大臣驰浩也承认，他早上 6 点半就到学校，一直工作到晚上 10 点。每个月加班超过 100 小时、工作 30 天更是习以为常。

日本中小学老师除了教课、指导学生学习外，还要在学校里兼任其他职位，如在学生社团里担任负责人、组织学生修学旅行、文化祭、运动会等。

而且，日本学校的老师还要定期向家长们报告情况。在决定孩子未来出路时，甚至要天天举行"三方会谈"。即使下班后，家长也经常会有打电话来问这问那，可以说，日本中小学老师是随时随地应对家长召唤。不仅如此，一旦学生出现问题，很多家长会把责任都推到老师身上，学校为了留住宝贵"生源"，也会不问青红皂白批评老师。这让很多老师"腹背受敌"，也是他们患上抑郁症的重要原因。

种种原因，让本应"桃李满天下"的老师，屡屡走上不归路，也让教师成为日本的"自杀高风险行业"。要消除这种现象，需要家长、学校、社会的共同努力。而此次教师自杀的"工伤认定"，还只是直面问题的第一步。

日本陷入教育与财政两难的死循环

日本财务省和日本文科省又开始互掐了！

如今，日本全国有 70 多万名公立中小学教员，这些人所领的工资三分之一出自日本政府，从 2015 年度预算来看，仅向这些教员支付的工资预算就达到了 15 284 亿日元左右，占文科省全年度预算的三成左右。

为了减轻财务负担，日本财务省以"少子化"问题加剧、中小学生人数减少为理由，要求文科省削减师资力量。日本财务大臣的智囊团"财政制度等审议会"建议称，2024 年日本小学一年级到小学三年级学生总数将会变成 94 万人，公立学校每个年级学生总数将比目前减少 2 万人左右，因此文科省要在今后 9 年间削减教职员工 37 000 人。

日本文科省听后很抓狂，坚称不能这样做，否则不仅是教育，日本都要出大事。文部科学大臣驰浩表示，虽然中小学生人数在减少，但校园内的欺凌问题、逃学问题却越来越严重，需要开展特别日语指导的外国籍儿童也越来越多。要想对应解决这些问题，不仅不能大幅减员，还应该多增加流动性教职员工。就这样，针对教育部门增员还是减员，日本文科省与财务省正展开着激烈的攻防战。

什么叫流动性教职员工？目前，日本根据学校规模和一个年级的学生总数来决定固定性教职员工人数，全日本有63万多名正式雇佣的固定性教职员工，和64 000名非正式雇佣的流动性教职员工。受"少子化"影响，固定性教职员工总数在1985年达到巅峰后逐年减少，而流动性教职员工却逐年增多，2014年人数达到了1998年的两倍之多。

流动性教职员工属于"一块砖"，哪里需要哪里搬。一般用来对应小班教学、校园欺凌问题以及对发育障碍儿童的个别指导。

如果日本财务省以财政预算强行压迫日本文科省减员，不仅会弱化教育质量，让日本失去"教育大国"地位，也会导致今后劳动力素质降低、弱势群体生存环境恶化。但是，在"少子化"的大环境下，不对教职员工精兵简政，日本的财政状况显然难以支撑，只能靠增税、学费涨价、继续举债来拆东墙补西墙，到头来，这些天文数字般的债务就站在不远处，等着长大了的小孩子们来背负。日本就陷入了这样的一个进退两难的"死循环"，恐怕不是一时半会能解开的。

校餐走下食品安全的"神坛"

有着"食品安全神话"之称的日本，开始走下神坛。近年来，从婴儿食品到福利院里的老人餐，问题食品在日本频频出现，甚至连号称"日本最安全"的校餐也无法幸免。

涉及校餐的食品安全事件之所以能引发日本社会的高度关注，不仅因为保证青少年健康的校餐一向受到最高级别的守护，更是因为日本问题校餐中的掺杂物五花八门，简直"闪瞎"了民众的眼睛。

2015年，日本阪神地区6个城市联合发布了上年度校餐食品安全事件报告。在209次校餐安全事件中，不但被发现掺杂头发、塑料片、虫子、老鼠屎等食品安全领域里的"常规"异物，还有创可贴、金属片、建筑材料特氟隆等"非常规"物品。许多日本网友吐槽称，日本什么都升级缓慢，只有食品安全的下限刷新快。

日本的校餐始于1889年，有着很长的历史。当时，山形县鹤岗市小学为了让家庭贫困的学童吃上免费午餐，开始在学校为他们制作校餐。二战结束后的初期，日本出现严重的粮食短缺。为了让青少年先吃饱，日本政府开始正式在全国范围推广校餐，并于1954年颁布了《学校餐食法》，餐食种类日渐丰富，饮食质量也越来越高。

在注重集体意识的日本社会，整齐划一的校餐也是培养学生集团意识、加强社交锻炼的重要一环。为营造更好的大氛围，日本地方城市每年还会举办相应的"校餐甲子园大赛"，刺激校餐朝更加安全、健康的良性方向发展。

按理说，在极度注重细节的日本，扮演如此重要角色的校餐应当具备很高的安全防线。然而，校餐一次次"失足"，让人们不禁要问，日本的校餐究竟怎么了？

目前，日本提供校餐的学校中，除了部分有能力依靠校内食堂亲自负责供给外，很多都通过"外部委托"形式，由民间企业负责配餐制作，比重逐渐接近5成。不仅如此，校餐的运送、物资采购、管理、餐具清洗等也分别采取同样的方式分包给企业。

受此影响，包括便利店等在内的各种企业，纷纷参与到校餐行业中来。面对被切割开的各个环节，原本负有最直接责任的学校，在质量监督和安全保障方面的难度不可同日而语，难免出现疏漏。加之近年来日本学校在财政方面的压力与日俱增，校方极力压缩校餐成本，让承接业务的企业苦不堪言，客观上也增加了安全风险隐患。

此外，食品安全应对体系的缺陷，也是不容忽视的因素。日本文部科学省的调查显示，在实施校内烹饪和供给的学校中，52.8％的学校在食品设施、设备方面存在老化、不完善等问题，48.4％的学校表示员工人手不够。而且，过敏反应一直是日本食品领域十分棘手的课题之一。剔除数以百计的校餐中的过敏成分，更是大大增加了相关人员的工作量。

虽然校餐一直是日本学校一道标志性的"风景线"，但是随着时代发展，其产业化和社会化进程不断加快。这种"开放性"也让日本校餐面临新形势与新问题，以前的"安全墙"效用不断降低。而本应转换思维、探索新举措的日本各学校依然原地踏步。恐怕，今后很长一段时间内，日本的校餐还要在危机四伏的状态下继续前进。

儿童福利院怎么会成为人间地狱

　　2012 年 10 月 15 日，日本厚生劳动省就 2011 年度日本儿童福利院内发生的虐待事件，向日本社会保障审议会儿童部会专门委员会提出报告。

　　通过这份报告得知，2011 年度，仅据日本厚生劳动省掌握的数据，在各地的儿童福利院内就有 206 起虐待事件发生，业已调查核实的有 46 起。而在包括性虐待在内的这 46 起虐待事件里，共有 85 名儿童受虐，有 79 名儿童福利院的工作人员施虐。

　　尽管这组数字已令人瞠目结舌，但同日有日媒发消息指出，日本厚生劳动省公布的这组数字只不过是"冰山一角"，暗示着后面还有更多不为人知的悲剧。

　　日本儿童福利院怎么会成为人间地狱呢？

　　其实，同前几年相比，日本社会对于福利院里儿童受虐待现象的关注度已有了显著提高，日本厚生劳动省也开始认真地调查报告。但有很多人不知道，在这些转变的背后，是一群孩子用血泪和呐喊唤醒了日本社会如今的关注。

1996 年 4 月，13 名面色惊恐、遍体伤痕的孩子从一个叫"恩宠园"的地方逃了出来，冲进千叶县内的 4 所儿童咨询所，控诉在儿童保护设施"恩宠园"里经历的、那犹如人间地狱般的一幕幕恐怖场景。

当时，儿童咨询所的工作人员简直不敢相信自己的耳朵，站在眼前的这些孩子们，有的在"恩宠园"里被放入烘干机旋转、有的被迫和死鸡一起睡觉、有的被套上了狗链子度日、有的被强奸、有的被剥光后赶到水池里罚站……但由于当时日本的相关规定不够完善，所以儿童咨询所里的工作人员只能把这 13 名好不容易逃出来的孩子又送回到那个人间地狱。

这些长期遭受虐待的孩子们，并没有放弃抗争，他们又联名给时任千叶县知事的沼田武写信，希望知事能够了解到福利院里的真相，伸出援手救他们出火坑。可是外面的世界呢，却只是看起来"美好"。知事在回信里跟孩子们打官腔，"请和我一起共建一个光明富裕的千叶"，千叶县政府也以"没有权限"为理由，对孩子们的痛苦视若无睹。

孩子们依旧没有放弃，他们写信，他们向市民陈述，他们要求的只是人的待遇。1999 年 9 月，日本电视台将"恩宠园"的虐待事件公之于众，全国的日本人这才知道，在城市的某个地方，竟然还存在着如此异常黑暗的世界。

到了 2000 年，日本警方也抵不住舆论压力，开始采取行动，将常年用各种手段对孩子施虐的"恩宠园"园长及其儿子逮捕。园长被法庭以伤害罪判决有期徒刑 8 个月，其儿子以强制猥亵罪被判决 4 年的有期徒刑。

可以说，是"恩宠园"里这些孩子们的悲惨遭遇和不言放弃的勇气，让日本社会开始关注那些在儿童保护所里生活的、没有家的孩子们的处境，也让日本厚生劳动省开始认真地定期调查虐童事件。

2009 年，日本修改《儿童福利法》，首次将儿童保护设施内的暴力伤害和猥亵等定义为"虐待"，并规定目击者有向警方通报的义务。在该法律生效 1 年后的 2010 年，日本厚生劳动省对儿童保护设施开展调查，确认核实虐童事件 39 起，其中包括 23 起暴力虐待和 9 起性虐待。在文首提到的报告中我们得知，2011 年度，日本儿童设施内的虐待事件总数竟然又超过了 2010 年。日本社会啊，何时能斩断伸向儿童的毒手？

2012 年 8 月，一名曾经在"恩宠园"里长大的 29 岁男子对《每日新闻》说，我曾经被园长装进麻袋吊起来，还被扔进过焚烧炉里，多少次，我都以为自己要被杀死。还有我那被园长用剪刀剪了男性生殖器的朋友惊恐的声音，现在都还在我的耳朵里盘旋。

光亮照耀的地方越来越多了，但是曾被黑暗笼罩过的角落，却依旧有不为人知的痛苦在延绵。

儿童公园里的"老虎凳"归谁管

儿童是国家的未来，是民族的命脉。日本的未来去向不明，大和的命脉也日趋微弱，原因依旧是老生常谈的那个"少子化"问题！

有人曾经试算过，日本儿童打从娘胎里就能拿到奶粉钱，怀孕 4 个月以上可申请到 42 万日元的补助金，0 到 3 岁可每月领取 15 000 日元，3 岁到上小学前可每月领取 1 万日元，升入中学后可每月领取 1 万日元等。要说日本不重视儿童那是假的，但由于各地方政府的疏忽，在日本儿童每天嬉戏的公园里，就隐藏了很多老虎凳、站笼等"刑具"。

2015 年 4 月，大津市的县营公园里，一个 12 岁的女孩子在荡秋千时，铁链突然断开，致使女孩子从秋千上滚落下来，伤及手腕和腰部。这个秋千从设立到如今已经有 18 年了，铁链断裂的原因是年久失修。然而负责维修管理的大津市公园绿地协会的业务科长中野茂却说："每月都会检修 2 次，但是在检修中没能发现问题。"

2015 年六七月份在福岛县和奈良县的公园里，也连续发生多起儿童游乐设施故障，不幸的小孩子被夹住了手脚，还有一个小孩子从高处落下撞破了头。这些还都算轻伤，在过去的 6 年间，由日本地方政府管理的公园里，因儿童游乐设施故障导致儿童全治需要 30 天以上的重大事故共发生过 45 起，其中有 10 起都是在检修后的 2 个月内发生的。比如 2014 年 4 月，札幌市公园里儿童游乐设施的铁棒和支柱连接处开裂，导致男童手腕骨折，是发生在检修后的第 5 天；三重县伊贺市公园里的铁棒松动，导致女童骨折，是发生在检修后的第 2 天。试问，检修的意义何在呢？

作为基础设施，日本各大城市里的可供儿童游乐的公园多是从 20 世纪 30 年代开始建设，到 2013 年，日本全国共有 103 919 处，公园内有包括秋千、单杠、转盘在内的儿童游乐设施 372 934 个，其中占六成的 225 600 个都是 20 多年前设置的，老朽化非常严重，已经不是什么检修不检修的问题了，早就应该更新换代了。

这些儿童游乐设施拆除、回收、处理、重建，算下来也要几百万日元，对于地方财政来说，无疑是很大的负担。为杜绝事故撤掉吧，都市里的小孩子们又没地方玩了；不撤掉吧，这些铁家伙说不定哪天就又会咬住孩子们的小手小脚。

大津市在事故发生后，想出了一条"苦肉计"，请求全体市民监督、批评，在带孩子们去公园玩耍时，如果发现游乐设施上有裂痕或可疑处，就随手拍张照片上传，市政府相关部门看到后会立即派人去现场应对、处理。

防止公园里的游乐设施变"刑具"，不能单靠"有关部门"，作为监护人的家长，也要随时睁大眼睛提高警惕。

在中国的各大城市甚至各小区内都有儿童游乐设施，那些铁家伙们又是由谁来负责定期检修呢？有没有检修过呢？出了事故上哪儿讨说法呢？家长们发现故障该找谁呢？这些，都是我们要考虑的问题！揭日本的短容易，但目的绝不仅为了揭短，而是唤起我们每个人的问题意识，用日本的前车之鉴来未雨绸缪。

录音笔悄然成为新型防身武器

日本千叶县的一位48岁的父亲了解到自己正读小学五年级的儿子被班里同学欺负。为首的是2个男生，其他还有4个男生充当打手。在课间休息时间里，儿子经常会被他们敲头、勒脖子、拿笔尖戳后背。

做父亲的将情况反映给了儿子的班主任，班主任当面表示自己会妥善处理。参考平日在报纸上看到的有关校园欺凌的案例，这位父亲选择将一支录音笔交给儿子，告诉儿子每天录音4到5小时。一旦日后与校方对峙，这就是"证据"。

通过录音内容，这位父亲了解到，班主任没能说到做到，在课间依旧有同学欺负儿子。好在后来儿子被顺利调到了其他班级，事情就此平息。

对于让儿子携带录音笔上学，进行秘密录音的做法，这位父亲丝毫没有悔意。"大津市去年不是有个初中生因为经常受欺负而含恨自杀吗？看了他的事件我就明白了。发生这样的事，没有物证的话，八成的加害者都会抵赖的。我儿子的班主任也跟我承诺，说是在课间会多加注意的，及时阻止。不是也没做到吗？做家长的不可能总跟在孩子后面，学校的事只能通过录音才能了解。"

如今，校园强欺弱成为日本的一大社会现象，仅2013年上半年，手段恶劣需要警方处理的人数就达到了269人，是2012年的2.15倍。为此，像那位父亲一样，为了应对校园强欺弱现象，让孩子带录音笔上学的日本家长并不少见。

东京都一位40多岁的主妇，就在上私立中学初二年级的女儿的文具袋里，放进了一支录音笔。目的倒还不是收集女儿被欺负的"证据"，而是为了"防身"。据这位母亲说："女儿在上公立小学时，就被同班同学辱骂过，让她'去死吧'。我跟班主任反映，班主任没当回事，还说什么'那些学生都说自己没骂过'。我怕女儿在中学也遇到类似的事情，这样做实在是不得已。"看来，虽然这位母亲让孩子带录音笔上学，但她并不希望有一天真能派上用场。

也有派上用场的时候！就在2013年4月，东京都调布市立小学的一名2年级学生家长，向日本媒体曝光了孩子所在班级的班主任，一位50多岁的女教师经常对学生进行人身攻击的事情。这名家长之所以能掌握情况，就是通过藏在孩子书包里的录音笔。

不管初衷何在，效果怎样，让孩子带录音笔上学，把课堂当成"谍"战场，毕竟不是喜闻乐见的事情。在日本，这样做不触犯法律吗？

日本明治大学副教授内藤朝雄给出的解答是："学校和教室本来就是公共场所，市民和家长都有权利知道那里发生了什么。在校园强欺弱案四处蔓延的今天，让孩子带录音笔上学，就和在治安不好的地方安装监控摄像一样，都是有效的自我防卫的方式。"

据内藤副教授说，录音笔还能对加害者起到震慑作用，"我手里掌握着你欺负人的证据录音，如果去告你的话，你非输不可，尽快收手吧。"

出于保护孩子的目的，把录音笔当成"防身武器"用，或许还不难理解，但将录音笔带入自己的小家庭，就实在有些过了。

家住千叶县的一名60多岁的妇人诉苦，说是有天晚上，儿子下班后拿着一支录音笔对自己说："妈，你收敛收敛吧，别再没事儿找事儿了。"录音笔里传出来的，是自己白天在厨房里跟儿媳妇的对话。

"其实也真没什么，我只是让她在洗餐具时多控控水，别乱放。就是我这人说话声有点儿大，听上去像教训人似的。真没想到她有那么多心眼儿，还专门录下来给儿子听。我现在不光是不敢和她随便说话，就是跟儿子说话都变得小心翼翼的。我做媳妇儿那会儿可没用过录音笔，婆媳相处也比现在简单多了。"

　　之所以出现这些灵活运用录音笔的人，更主要的原因在于日本社会整体的意识变化。接触过多起偷录事件的律师牧野二郎告诉记者，"现在无论是社会还是法庭，都倾向于认为一旦说出口的话，就应该不怕任何人听。不能把这看作是时代变坏了，变得疑神疑鬼了，而应该理解为日本各领域的透明度都在提高。"

"小鲜肉"痴迷智能手机惹祸

　　不久前，中国的"春晚"让观众们着实很忙，我这么说，估计很多人也会有同感。因为这次的观众不再是被动地看，假装地互动，要实实在在地一边忙着"抢红包"，一边和网友吐槽，忙得不亦乐乎。根据微信官方发布的数据显示：除夕当日，微信红包的收发总量达到了 10.1 亿次；除夕晚上 20 点至初一 0 点 48 分，春晚微信摇一摇互动总量超过 110 亿次。如果说"抢红包"满足了观众们的物质需求的话，那么吐槽则满足了观众们的精神需求。一夜之间，微博上人人都是段子手，用风趣犀利的语言把"春晚"从头吐槽到尾，转发量也是分分钟超过万条。当然，热闹的同时也可以看出，中国相当多人的春节都被手机"绑架"了。

　　有网友吐槽说："世界上最远的距离不是生与死，而是我们坐在一起，你却在低头玩手机。"的确，随着手机技术的不断发展，越来越多的年轻人成了"低头族"甚至是有了"手机依赖症"。智能手机真是让人又爱又恨。

其实同样的问题，在日本也存在，其中以"小鲜肉"高中生尤为明显。日本总务省在去年1月对154所都立高中约15 000人进行了调查，结果显示约74.6%的学生表示自己因玩手机而占用了原本的睡眠时间；67.7%的学生因玩手机而减少了学习时间。痴迷于智能手机而染上网瘾的也是大有人在。另有调查数据显示，人们看起来非常"清纯"的日本女高中生，平均每天玩手机的时间达到了7小时，甚至还有约占一成的女高中生每天玩手机15个小时。真是蛮拼的，简直是用生命在玩手机。

如此长时间的使用手机，对于正处于生长发育期的高中生而言是百害而无一利的。为此，日本国立病院机构久里浜医疗中心开设了网瘾诊疗项目，两年间受诊人数超过了100人，其中初高中生们占了近一半。在这些患者里面，不少人出现了失眠、神经衰弱甚至是骨质疏松的现象。看来这些日本含苞未放的"小花朵儿"还真是被智能手机给摧残得够呛。

同时智能手机也给日本的交通安全埋下了隐患。根据日本爱知工科大学工学部的小塚一宏教授的研究结果显示，边走边使用手机的人的视野范围仅为正常行走的人的1/20。因此，距离不缩小到1.5米，根本看不清楚前方的事物。基于这一调查结果，去年，日本移动运营商DoCoMo曾运用电脑技术模拟出了1 500名边走边使用手机的人在东京涩谷的交叉路口行走的视频。视频显示，在 46 秒的绿灯通行时间内，安全通过的人仅为 547 人。其他人大多会发生相撞、跌倒、手机掉落等事故。另据日本东京消防厅发布的数据显示，2013 年，因在走路或开车期间使用手机而发生事故被送往医院的伤员人数，仅东京都就有 36 人。其中，板桥区的一名 47 岁的男性因边走边使用手机，误入了铁路与公路的交叉口，与飞驰而来的电车发生事故而不治身亡。

人们常说"科技改变生活"，看来这小小的手机确实为人们的生活带来了便利，但同时也惹了不少大麻烦。在我看来，对于智能手机"拿得起，放得下"非常重要。在享受高科技的同时更重要的是考虑如何正确利用，而不是让手机成为我们的主人。

日本虐童案 24 年连增或缘于 DNA

　　遍地开花的虐童现象，已经让日本社会再也无法视而不见。日本厚生劳动省日前公布的统计数据显示，2014年全国207所儿童机构共受理虐童案件88 931件，同比增幅高达20.5％。这是自1990年日本启动该调查以来该数据连续第24年增长，并首次突破8万件，而受虐死亡人数竟然保持在两位数水平。其中，有些案件让人触目惊心。

　　日本福岛县一名卡车司机长期虐待自己的双胞胎儿子，最后因为心情不好居然将硫酸轮流注入他们的双眼，导致两个孩子双目失明。而孩子的母亲居然没有阻拦。

　　日本关东地区某家庭暴力咨询支援机构曾接纳一对小姐妹。由于母亲对她们不闻不问，在工作人员安排下，9岁的姐姐带着4岁满头虱子的妹妹时隔1个月洗澡，妹妹孱弱地问姐姐：咱们不会再这样了吧。

　　不少日本舆论将批评的矛头指向女性，认为受各种因素影响，现代的日本妈妈普遍缺乏责任感，没有做好抚育后代的心理准备和生理准备。舆论将母亲的性格缺失和道德沦丧，视为产生虐童现象的主因。但是，问题远没有这么简单。

长期以来，虽然日本政府一再刻意强调"打造男女共同参与的平等社会"，但日本社会却始终难以摆脱男尊女卑的阴影，在这方面已经远远落后于世界很多国家。学者们将日本形容为现代男权社会的样板，并不为过。

在职场，日本女性更多从事服务性质工作，男性有着无可替代的心理强势和现实特权。不仅如此，这一现象也充分体现在日本家庭中。男性主导的职场文化，让很多女性不得不成为家庭主妇，形成了标准的日式家庭风格。

前不久中国微信朋友圈里，曾经疯传一则有关"日本主妇一天"的报道，令不少中国"女汉子"也不得不佩服日本女性的"强大"。然而，这种"强大"，也从侧面折射出日本女性的压力和无奈。独自一人长期闭塞在家庭单调的环境里，既要照顾丈夫的饮食起居，又要应对育儿的烦琐和苦恼，还要兼顾这样那样的家务，必须成为"全能主妇"才能让自己不受非议。承受巨大压力的日本主妇们，缺少发泄和疏通的渠道。一旦情绪崩溃，弱小的孩子很容易成为施虐的首要对象。

更可怕的是，由于日本社会这一家庭模式多年来难有改观，不少施虐的母亲事后坦言，在幼儿时期也有过遭遇母亲虐待的相同经历，对自己的心理和家庭观产生了直接影响。有些人小时候曾经下决心善待孩子，可是长大后不知不觉间竟成了自己"最讨厌的那种人"。从某种程度上讲，日本女性长期身处苦闷的家庭环境，已经形成了一种世代传承的"虐童DNA"，这也反映出问题的长期化与艰巨化。

而且，存在虐童问题的日本家庭，丈夫对妻子施暴的现象也非常普遍。丈夫动辄对妻子肆意发泄。而很多受到伤害的主妇，有意无意将弱小的孩子当成出气筒。这种暴力传递的"踢猫效应"，也让日本的虐童现象愈演愈烈。

因此，对于日本来说，解决虐童问题长期而艰巨。如果家庭模式、女性地位、社会氛围没有根本性改变，日本短期内很难挪走虐童这座大山。在"少子化"不断加速的背景下，青少年还无法拥有健康成长环境，真的是前景堪忧。

为何虐童案件逐年攀升创新高

　　2010 年，一部名为《母亲》的日剧引发了日本社会对于被虐待儿童的关注。剧中 7 岁小萝莉道木怜南的遭遇让不少观众为之揪心难过。日本总务省近期公布了一份人口估算数据，结果显示截至 2015 年 4 月 1 日，未满 15 岁的儿童人数为 1 617 万人，连续 34 年减少，创下了 1950 年采取现行统计方法以来的最低纪录。儿童数量逐年减少，虐待儿童的案件数却不降反增。据日本 NHK 电视台报道，2014 年度，日本警方向儿童咨询所申请保护的疑似被虐待儿童多达 2.89 万人，创受虐待儿童数量的新高。其中，因危及生命安全而被警方采取紧急保护措施的儿童超过 2 934 名。

　　在网络上搜索 2014 年发生的虐待儿童案件，让人触目惊心。1 月，日本爱知县警方以涉嫌监禁致伤为由逮捕了一名 35 岁的无业女性。据悉，1 月 12 日下午，该女性将自己 6 岁大的女儿衣服全部扒光，用胶带将手缠住并堵住嘴，锁在二楼的阳台上。监禁时间长达3小时，导致女儿左手腕受伤。2月，东京都町田市，23岁的宅男佐藤哲也因8个月大的女儿不肯睡觉，害其无法专心打游戏，一气之下用70度的热水直冲女儿面部，造成孩子面部皮肤脱落，身体多处烫伤。

同年5月30日，日本警方在厚木市下荻野的一间公寓内发现了一具男童遗体。一看就知，这孩子已过世多年，遗体都成为一具白骨。随后，警方以监护人涉嫌犯有"遗弃致死罪"逮捕了孩子的父亲。事后，媒体爆料，已去世男孩名叫齐藤理玖，出生于2001年5月。在他3岁时，母亲因不堪家庭暴力而离家出走。小理玖与父亲齐藤幸裕过上了窘迫的生活。自妻子离家出走后，齐藤幸裕便开始对孩子实施监禁，将他长期关在房间内，甚至在房间门口粘贴胶带。齐藤幸裕是当地的一名夜班卡车司机，每周有五六天要外出工作。每晚，他从便利店买来饭团和面包给孩子之后，便将孩子关在黑暗的房间内出去上班。由于无人看管，小理玖的身体发育受到了影响，也只会说"爸爸"，"吃饭"等几个词。之后，齐藤幸裕结交了新女朋友，对孩子更加不管不问。据他供述，最后一次见孩子是在2006年10月左右。因为怕被人发现，他还按时交房租，试图隐藏孩子已死的事实。

早在1947年，日本就制定了《儿童福利法》。2000年，又制定了《儿童虐待防止法》，意在建立完整的法律体系，全面保护儿童。但是从近年来的数据来看，虐童案件却是愈演愈烈。有专家分析称，这与近年来经济持续低迷有极大关系。一些年轻父母因企业经营状况不佳，工资下降、工作不稳定以致心情烦躁，无暇照顾孩子甚至是虐待孩子。据统计，寄养在儿童福利机构内的儿童多数来自贫困家庭，其中有53%遭受过虐待。另据统计，57%的虐童实施者是孩子的亲生母亲。关西学院大学教授才村纯指出，非期待妊娠和20岁以下少女妊娠也是虐童增加的原因之一。这些年轻的妈妈，尤其是单亲妈妈大多自己还不成熟，根本无法承担起一个母亲的责任。

　　为了缓解这一现状，日本政府计划从今年夏天开始设立"189"儿童虐待咨询号码，以便更及时高效地应对此类事件。相比亡羊补牢，防微杜渐应该更为重要。如何把虐待扼杀在摇篮里，而不是造成伤害之后追悔莫及；如何保护好数量逐年减少的儿童，为他们创造健康成长的环境，是日本乃至全世界都要思考的。

允许学生"家里蹲"暗藏猫腻

新官上任三把火，刚当上日本文部科学大臣的驰浩，位子还没坐稳，就开始推行"学生不去学校也可考高中"的新政。如果他提出的法案在国会通过，将是对日本"只能在学校接受义务教育"规定的重大转变。

驰浩的提案对于不愿去学校上学的学生，只要获得教育委员会或校长同意，就可以在家完成义务教育。一位知情人士向媒体透露，看似为学生着想、让学生"自由发展"的政策，实际上主要是为了防止学生在校期间自杀。

日本文部科学省发布的《学校基本调查》显示，2014年日本"拒绝去学校"的中小学生达到了122 902人，同比增加3 285人。其中，有96 789名中学生不去学校，占中学生总数的2.76%。除此之外，以经济、生病等原因长期不去学校的学生也达到了185 044人，同比增加3 724人。

此外，2015年日本内阁府发布的《自杀对策白皮书》显示，从 1972 年到 2013 年的 41 年间，有 511 名中小学生在开学前后选择自杀。然而，这些学生不去学校甚至自杀究竟有何难言之隐？

首先是愈演愈烈的校园欺凌问题。校园欺凌在日本早就不是什么新鲜事了。文科省 2014 年的统计显示，2013 年日本中小学共认定 185 000 起欺凌事件，其中，暴力事件有59 345 件，比 2012 年增加 3 509 件。而这仅仅是被认定的部分，还不包括不敢向家长、老师反映的。就在 11 月 1 日，名古屋一名 12 岁中学生跳轨自杀身亡。少年留下的遗书称，在学校遭到了同学的长期欺凌，找不到任何解决的办法，最后只能选择离开世界。

学生不去学校还有一大原因：体罚。虽然日本法律禁止教师体罚学生，但体罚现象依然屡禁不止。驰浩也承认，自己体罚过学生。2013 年，日本学校的体罚事件达到 4 175 起，受体罚人数为 9 256 人。其中，37 名学生被打成骨折，27 名学生耳膜破裂。2012 年，大阪市立樱宫中学一名 17 岁学生，因在篮球比赛中表现不佳，在众目睽睽之下 30 秒内被老师打了 20 多拳，受尽屈辱的学生随后选择自杀，震惊日本社会。

升学压力过大，也是日本中小学生不愿踏进校门的重要原因。日本保健大学的调查显示，9 万多名不去学校的中学生里，初三学生的人数最多，约 42 500 人，占总数的一半左右。"望子成龙望女成凤"的日本家长、为了升学率的学校，给孩子们施加了过大的压力。还有很多学校甚至对学生采取地狱式的"魔鬼训练"。由于承受不了过大的压力，很多中小学生不愿去学校，逃无可逃的情况下甚至选择自杀。2014年9月，东京大田区2名女学生携手跳楼自杀。她们自杀的原因就是升学压力过大。两人经常对同学说"学习太累了，晚上睡不着，感觉生不如死"。

种种问题让害怕去学校甚至自杀的学生越来越多。为了防止孩子出意外，很多日本家长也不愿把孩子送到学校。每次出现学生自杀时，日本教育系统就会受到强烈指责。而文部科学省为了不让自杀的学生给自己抹黑，灵机一动，想出了让他们离开学校、在家完成义务教育的"走为上"之策，将相关责任全推给了家长。

不过，驰浩的新政对缓解日本校园种种问题，不会有什么实质性帮助。让更多的"危险学生"离开学校，只不过是掩耳盗铃。教育无小事，采取切实可行的措施，为孩子们创造健康的学习环境，让他们不再害怕，或许才是日本政府应该做的事。

日本惊现四处飘荡的"幽灵学生"

日本动漫大师宫崎骏创作的《幽灵公主》，曾经在各国动漫粉丝中风靡一时。女主角"小桑"，让日本动漫世界里的"幽灵"形象深入人心。不仅是动漫作品，日本许多科幻、悬疑甚至恐怖影视作品中，"幽灵"都是不可或缺的调味剂。

然而，"幽灵"不仅存在于文艺创作领域，日本各个高中校园里也飘荡着一些现实版"幽灵"。不过，他们并不是什么有着诡异故事的小魔怪，而是长年只闻其名、未见其人的学生。

大阪府一所高中全校人数不满200人，却有10名学生成为"幽灵"，5年都不见踪影。其中，绝大多数人入学时就神秘失踪。学校自然不敢放任不管。打电话没人接，寄信也因信息错误被退回，直接家访才发现，注册的家庭地址早已换了新主人。

该校负责人直言不讳地说，当地很多高中都不同程度存在"幽灵学生"现象。有些学校还专门制定了"幽灵学生"名单。"幽灵学生"人数占比超过一成的"重度幽灵学校"也不在少数。有的学校干脆把"幽灵学生"都汇集到一个班，不过既没教室又没有课程，称为"梦幻班级"。日本文部科学省通过调查推测："幽灵学生"、"梦幻班级"在全国范围的高中都存在，需要高度重视。

活生生的高中生，咋就变成了"幽灵学生"。谁是背后的"施法者"？ 2010 年，日本开始实施《高中授课费免除法》。根据规定，公立高中每月 9 900 日元的授课费全免，私立高中则可以获得相应补助。该法实施前，许多地方城市立法要求学生缴纳授课费，长期缺席并拖欠费用者被视为无意继续读书，可以直接除名。然而，费用免除后，麻烦却来了。由于不再涉及缴费及退费问题，又没有报告状况的规定，学生流入社会和家庭迁移时，家长与学生也懒得通知学校，说不见就不见了。等到校方直接向当事人确认时，长期缺席的学生已经像"幽灵"般难以捕捉，绝大部分只能无果而终，悬而不决。

如果说不完善的法律是制造"幽灵学生"的工厂，那么有些学校对"幽灵学生"持包庇甚至欢迎态度，就是让其繁衍的温床。以大阪府为例，法律规定高中每班定员上限 40 人，每增加一个班级可以增配大量教员，获得不少经费。如果借用"幽灵学生"的法力，班级就可以增多，教员配额也可以提升。不少老师坦言，"幽灵学生"是学校的福音，可以借此增加教员人数拿到更多拨款，对于学校来说有好处。不过，校方对这种做法也有担忧，但又无法拒绝眼前的好处，最终睁一只眼闭一只眼。

虚构世界里的幽灵因为有了魔法扑朔迷离，似存非存、来去自由，展现的是一种强大的存在模式。但是现实中的"幽灵学生"玩失踪，背后却藏着不少难言之隐。长期缺课的学生不是面临经济困难，就是有着漂泊不定的家庭环境，大多是一些"问题学生"。毕竟，免费教育机会摆在面前，正常人是不愿意做游荡"幽灵"的。

"幽灵学生"不单是因为日本相关法律出现了死角。作为监护人的父母，作为监督方的学校以及行政机构，都存在漠视、失职等问题，难辞其咎。"幽灵学生"、"梦幻班级"的涌现，说明日本教育体系已经出现严重缺口。而四处游荡的"幽灵学生"，对日本社会显然不是什么好消息。

校园频繁呈现欺凌"升级版"

除了自杀、AV，其实校园欺凌也是日本颇具特色的"标签"之一。近年来，日本校园欺凌变本加厉、花样翻新，让政府头疼，让各界忧心，已经成为一大社会顽疾。

2015年6月5日，日本政府公布的《儿童和青少年白皮书》显示，日本校园欺凌现象愈演愈烈，长达6年的跟踪调查中，近九成学生曾经遭遇校园欺凌。

这部白皮书称，校园欺凌多种多样，既有肉体欺凌又有精神欺凌，既有暴力折磨又有网络围攻。调查显示，从2007年度小学四年级到2013年度初中三年级的6年间，只有13%的学生表示从未遭受校园欺凌，从未欺负过他人的学生只占12.7%。另外，以半年为周期的调查显示，在小学四年级到六年级学生中，半数学生半年内曾遭受校园欺凌。

2015年2月20日，日本川崎市就发生了一起骇人听闻的谋杀案。警方在一条河附近的草场中发现一具尸体，死者为 13 岁的男孩上村辽太。警方调查发现，上村辽太曾经多次表示被高年级学生欺负，害怕自己被杀死，尝试和他们保持距离，却激发了这些学生更加暴力。最后，三名 17 岁至 18 岁高年级学生，竟然模仿极端组织"伊斯兰国"的斩首手法，将上村辽太残忍杀害。

2015 年 2 月 27 日的日本众议院会议上，日本首相安倍晋三因为此事接受了议员的质询。安倍表示："我感到十分震惊。必须就学校、教委、警察及儿童问题咨询中心的合作是否完善等展开仔细验证，同时切实思考防止此类情况再次发生的措施。保护儿童是成人的责任，我将怀着竭尽所能不让惨剧再度发生的想法付出努力。"

如今，日本一旦发生恶性校园欺凌案件，首相都需要出来向公众解释甚至道歉，可见社会对校园欺凌的敏感和重视程度。可是，面对层出不穷、花样不断翻新的校园欺凌，日本政府有时候也显得心有余而力不足。

现在，日本的校园欺凌已经有了紧跟时代发展的"升级版"。欺凌同学的中小学生开始利用新的社交工具，对被害者进行"网络围剿"。"LINE"（相当于中国微信）是日本人网络社交的首选，全国三分之一的人每天使用该软件。但是，LINE 在给日本成年人带来极大便利的同时，对日本青少年却造成了难以想象的伤害，以致媒体惊呼"LINE 是孩子的网络地狱"。

日本《信使周刊》曾经刊文称，被日本社会广泛运用的LINE，早已超越通信工具的范畴，在中小学生里衍生出很多"潜规则"。比如，收到信息不立刻回复的人被称作"KS"，也就是人们平时说的"另类"；在群里最弱、被大家共同欺凌的那个同学叫"小豆子"；好几天不发言的叫作"羔羊"。凡是这些LINE上的"异端"，都会被其他中小学生群起而攻之，欺凌也最终会从"网络版"上升为"现实版"。

文章说，因为不少学校将LINE作为发布通知的网络平台，被欺凌的"小豆子"甚至被分成"班级小豆子"、"年级小豆子"、"校级小豆子"，在LINE平台上遭受全校学生欺凌。欺凌的内容中，"诽谤、谩骂、威胁等语言暴力"最多，其次是"被排挤没人理"、"个人私密信息被泄漏"。甚至，"被发布裸体照片"的现象也大量存在，有的女生甚至被要求上传跳脱衣舞的视频。被欺凌的中小学生陷入了地狱般的境遇，一些人因此而自杀。

面对四处泛滥的校园欺凌，日本采取了很多应对措施。2013年6月，日本6大政党共同提出的《欺凌防止对策推进法》，在参议院正式会议上获得一致通过。该法案旨在防止校园欺凌问题。

法案规定，学生因遭受欺凌受伤或长期缺课等重大伤害时，学校有义务调查相关事实，并告知学生监护人。当欺凌行为被认定有可能对学生身体或者财产造成重大侵害时，学校有义务报警。关于网络上发生的欺凌，该法规定国家及地方政府必须采取监控等对策。出现校园欺凌案件的相关责任人，将追究其监控不力的法律责任。

除了立法以外，日本还实行从上到下的联动机制，中小学生遭受校园欺凌时可以拨打 24 小时咨询热线，社工会辅导被欺凌学生，老师要时刻注意情况，学校定期开展对学生的相关教育等。

在社会各界的努力下，日本的校园欺凌现象有所改观，但是并未从根本上扭转。日本法政大学教授尾木直树认为，相关部门失察、学校的成果主义及 IT 社会迅猛发展，是产生校园欺凌的诱因。日本教育目标、教育方法及评价体系上存在的问题，是产生校园欺凌的根源。日本学校封闭性很强，而且日本民族重视集团主义及一致性，因此排除"异类"的校园欺凌会屡屡发生。

名古屋大学教授今津孝次郎分析称，从 20 世纪 70 年代开始，日本进入"消费社会"。在此背景下，日本青少年的"欲求"不断膨胀，开始尽情享受社会发展带来的物质财富。20 世纪 90 年代，日本经济泡沫破灭后，经济停滞，物质财富开始缩水，分配变得不均。而早已养成消费习惯的青少年，感觉自己的欲望无法得到满足。他们开始变得焦躁，出现了强烈攻击性和掠夺性，这种现象反映在校园里就是越来越严重的欺凌问题。

日本的校园欺凌现象也应该给中国教育界敲响了警钟。一旦中国产生相应土壤，日本式校园欺凌问题很有可能大量出现。从日本校园欺凌发展到"伊斯兰国"式的斩首行为可以看出，全球化时代，欺凌方式具有世界快速传播的特点。近年来，日本漫画及影视作品中大量描述校园暴力的内容，已经深刻影响到了韩国。不少中小学生纷纷模仿日本校园欺凌手法，让韩国也成了校园欺凌的"新兴国"。因此，防患于未然，尽早确立相关立法和制度、排除不良文化影响，对于中国来说，已经是当务之急！

日本用立法让校园欺凌吃不了兜着走

    北京中关村二小校园欺凌事件转疯了中国人的朋友圈，同时也让校园欺凌这个老生常谈的话题再次进入人们的视野。这些年，国内校园欺凌的案例屡见不鲜，学生被暴打、被侮辱、被扒衣的事件层出不穷，让人感受到孩童世界的水深火热。

    不过，校园欺凌并不属于中国的专利，放眼世界，可以说，哪里有校园，哪里就有欺凌。甚至，有的国家，有的地方，还发生了因欺凌导致学生伤亡的惨剧。可以说，校园欺凌是一个全世界都无法回避的顽疾：在美国，50%的学生承认在过去的一年里欺负过别人，47%的学生说他们在过去一年里被以非常令人难过的方式欺负、取笑或者嘲弄过；在德国，每5个学生当中就有一个曾经遭受过同学的殴打；在英国，儿童慈善团体接到的求助电话中有四分之一是关于校园欺凌的；在日本，超过八成的学生曾经欺凌过别人或者遭受过别人的欺凌。

    由于日本社会的集团主义文化比较强烈，很容易出现把异质的人从集团中排除出去的倾向，因此，校园欺凌现象也就尤其普遍。根据日本警察厅的统计数据，2003 到 2015 年十几年间，日本警方参与调查的校园欺凌案件共有 2 359 起。而据日本文部科学省 2016 年 3 月 1 日公布的最新数据显示，日本 2015 年共有 21 643 所中小学校（包括国立、公立和私立）发生了 188 072 起校园欺凌事件。可见，日本校园欺凌事件已经不是孤立的个案，而是成为一个普遍性的社会现象。

在所有这些校园欺凌事件中，发生在 2011 年的大津市中学生自杀事件可谓影响最为深远。该男生长期受到三名男同学的武力和语言暴力，最后不堪折磨自杀身亡，但是学校多名教师在知晓校园暴力事实的前提下，竟然一致对外隐瞒。警方也多次拒绝了死者家属的报案要求，认为这只是"学生之间的恶作剧"。

这次事件让日本社会开始认识到教育体制的缺陷，并认真反思反校园欺凌问题的严酷性，各界人士也呼吁政府制定更加系统的应对措施和监督机制，明确家长和学校的职责，防止相关部门推诿责任、包庇和隐瞒真相。在强大社会舆论的推动下，日本国会在 2013 年通过了《校园欺凌预防对策推进法》，从制度上开始防范和约束校园欺凌行为。

以立法的形式来整肃愈演愈烈的校园欺凌事件，日本在这一方面可谓开了一个先河。虽然这一法律的出台，是以血的代价换来的。但是，迟来总比不来好。在此法案的引领下，日本文部科学省以及各地方政府纷纷出台了一系列防止欺凌的方案举措，明确了国家、地方政府、学校和家长的各自职责，形成了一套自上而下、社会联动的应对措施。

比如，日本国家财政每年都有解决校园欺凌等问题的专项拨款。根据文部科学省公布的最新数据显示，2016 年，日本用于防止校园欺凌等问题的预算约为 57 亿日元（约 3.4 亿人民币），相比 2015 年提高了 16%。这些资金主要用于校园欺凌问题的早发现、早处理和高效应对，主要包括：扩充公立中小学学校顾问的人员队伍，帮助学生及时排解各种心理压力；构建由精神疾病专家、心理专家、律师等构成的"校园欺凌支援团队"，帮助学校应对危及学生生命等的重大欺凌事件；支援各地方政府指定网络巡视专员，一旦发现恶性不良信息，及时通报地方教委、学校和警局等。

除此之外，还通过设立全国统一免费求助热线、对学生进行定期调查、要求教职员工随时关注学生动态、对教职员工进行防止欺凌的技能培训等工作，努力将校园欺凌的发生概率降到最低。

日本以立法的形式来防范和约束校园欺凌行为，最大的意义就是明确了社会、政府、家长、老师、学生的各自责任，让每一个人都知道自己行为的后果，并为此后果负责，让校园欺凌从此吃不了兜着走。这一做法目前虽然收效尚不明显，但还是那句话，迟来总比不来好，起码日本已经做了一些努力了。

体罚学生的现象为何屡禁不止

自古以来，"不打不成器"、"棍棒之下出孝子"是中国不少家长信奉的教育真理。在他们的思维里，教育孩子最有效的方法就是一个字：打。不仅是自己打，这些"虎妈"，"狼爸"们还将打孩子这一"光荣使命"交给老师，认为"打"就是负责任的表现。

2015年，网曝陕西安康黄冈实验学校的一名老师让学生当众下跪，进行体罚，引发了社会各界的关注。近年来，教师体罚学生的案件层出不穷。如此体罚，真是让人为孩子们的身心健康感到担忧。

在日本，体罚学生的现象也是屡禁不止。据日本文部科学省的数据显示，2014年，因体罚学生而被处分的公立学校教师共有3 953人，较2013年增加了1 700人，创1977年调查开始以来的最高纪录。其中，殴打形式的体罚占到了60%。

2015 年 3 月 4 日，日本爱知县丰田市的一名小学六年级学生，因被本校 42 岁的教师体罚而造成了背部骨折。据悉，当天该学校组织了学生与教职员工的比赛。比赛结束后，该名学生因态度不好而激怒了此名男性教师，教师将学生推搡出去并撞到体育馆的墙壁上。学生的背部因受到撞击而造成骨折，需要三周时间才能痊愈。事件发生后，校方向学生一家进行了道歉，县教育部门也表示将严正地处理此事件。

日本《学校教育法》第 11 条中规定，在必要的情况下教师可以对学生进行适当的惩戒。但如此使用暴力致使六年级学生骨折，已经明显属于违法行为。在日本关于体罚的案例屡见不鲜，最为严重的，是 2012 年发生在大阪市立樱宫高中的学生自杀事件。

2012 年 12 月，日本一名 17 岁的高二男生因遭受教练多次体罚而自杀。据悉，该名男生是学校篮球部的队长，在自杀前一天的篮球部练习赛活动中，因出错而被教练掌掴。男生母亲回忆，当天孩子脸颊红肿，嘴角撕裂，并告诉她"又被打了好几下"。23 日，母亲发现他用制服的领带上吊自杀。据警方透露，在男生的遗书中写道："谢谢您让我打了这么久的篮球。给大家添麻烦了。但我已决定离开。"除此之外，警方还发现了写有"篮球部活动已成为负担，教练的指导方式让人感到痛苦"的纸条。之后，这名"魔鬼教练"使用化名在电视节目中开口谢罪，称"是自己逼死了这名学生"。

基于此案件，日本文部科学省在当年展开了调查。调查结果显示，在 2012 年度，日本全国的国公私立小中高学校中，体罚过学生的教师有 6 721 人，被体罚过的学生有 14 208 人。

那么，日本的体罚学生的现象为何屡禁不止？主要有以下两个原因：

一是教师对体罚的概念并不清楚，分不清什么是惩戒，什么是体罚。东京都教育委员会早在 2013 年 9 月，就发布过体罚相关指导方针。但教育一线都觉得该方针"内容晦涩难懂"。外加这些老师在学生时代都多多少少受到过体罚，因此"严师出高徒"在他们的心中根深蒂固，认为只要出于对学生好，使用体罚也无妨。

二是法律对于体罚学生的教师处分较轻。2013 年度，因醉酒驾驶被处分的人有 68 人，其中有 33 人被免职。因猥亵行为被处分的人有 205 人，其中有 117 人被免职。但是对于成百上千的体罚学生案件，被免职的教师仅占 0.08%。

这么看来，预防体罚现象不是教师或是校方一方就可以杜绝的问题，而是应该全社会各方共同努力。人们常说"爱之深，责之切"，但还是希望作为教育国家未来栋梁的"工程师"们，能摒弃曾经遗留下来的教育"糟粕"。毕竟，爱，不能成为惩罚甚至是伤害学生的理由。

日本社会的贫困儿童面临着什么？

我们中国的孩子每年只过一个"六·一国际儿童节"。但是，日本的孩子不过这个节日，他们的一年里却有三个关于儿童的节日，可以说是世界上庆祝儿童节次数最多的国家。这三个节日分别是3月3日的"女孩节"，5月5日的"男孩节"和11月15日的"七五三儿童节"。从小玩着高端的游戏机，看着种类丰富的动漫，还能过这么多次儿童节，这肯定会让不少外国小朋友"羡慕嫉妒恨"的。但是，日本社会在光芒照不到的角落里，其实还躲藏着很大部分的贫困儿童。对于他们来说，仅是生存下去就需要竭尽全力。

在日本，有一个"儿童贫困率"，是基于"贫困线"来划分的。"贫困线"是将在当地居民的年收入扣除社保和税金，计算出可支配的收入金额，取其中位数作为标准。达不到这一标准的17岁以下儿童数占总数的比例即为"儿童贫困率"。据日本厚生劳动省公布的2013年"国民生活基础调查"的数据显示，2012 年的"儿童贫困率"达到 16.3%，创下历史新高。根据这一数字推算，在日本每六个儿童中就有一个处于贫困，且这一问题越来越严重。

日本 NHK 电视台的一档节目中，曾用一张图例对比了出生于不同家庭中的小孩的成长轨迹。图中，A 君出生在父母年收 1 000 万日元的家庭中，从小生活优越。他有条件上高级补习班，学习才艺，可以出国旅游，进入一流名校。因此，求职也会顺风顺水，爱情事业双丰收。退休后，因有丰厚的积蓄和养老金，可以住进高级疗养院。而 B 君出生在年收只有 200 万日元家庭中，童年基本空白。求学同时还要为了养家糊口而打工，最终放弃了进入大学的机会，成为收入低下的非正式社员，退休后成为勉强度日的独居老人。

如此反差让不少观众泪流满面，他们纷纷到网上留言"这根本就是在说我"，"贫困儿童一出生人生就结束了"。看来，输在起跑线上的孩子们，很难在之后的人生中成功逆袭。中国网友常常调侃说"投胎是门技术活"，看来这句话放在日本也一样适用。

"儿童贫困率"逐年上升，背后反映出深刻的社会现状。高离婚率、高失业率都影响着这群还没有自立能力的孩子。日本媒体曾采访过几位贫困儿童，想要了解他们真实的生活状态。面对记者，孩子们的话也是让人倍感心酸。"朋友去上高中了，但我却没能去"，"虽然说着'学费'免费，但还是要花钱的"，"父亲突然被解雇，和母亲拼命找工作，我会悄悄把学校发的面包带回家"。

为了缓解这一现状，2015 年 4 月 2 日，安倍政府宣布将设立一项有效利用民间资金的新基金，目的就是为了消除儿童贫困的问题。这一项基金将面向企业和市民募集，除了对儿童的生活和学习进行资助，同时还希望能够在体育和艺术方面进行支援。

面临越来越严峻的少子化问题，如何让数量已大不如前的孩子们脱离贫困，过上精神与物质两方面都满足的生活，成了日本社会亟待解决的问题。人们常说："穷什么不能穷教育，苦什么不能苦孩子。"这句话，不应该只是个口号。

"就活"龙卷风刮倒日本大学生

在日本，就职活动，简称"就活"。简单理解起来就是中文里的"找工作"，但是"就活"对日本大学生来说，意义远远超过找工作，其中的酸甜苦辣，唯有经历过的人才能明白。

日本大学生的"就活"有三大特点：时间长、痛苦大、毁三观。每年在日本各地举办的"就活"，主要参加者就是大三或者研一的学生（日本普通硕士学制为两年）。

也许没有哪个国家的大学生会从大三下期开始就不顾学习、不顾兴趣爱好甚至不顾恋爱，放下时尚爱好、染黑五颜六色的头发，穿起统一的学生西服（recruite suit），带着黑皮包、穿着黑皮鞋踏上"就活"之路的。一般从10月开始外国企业招人，从12月开始日系企业招人，到来年三四月集中等待"生死状"（录用书），没有被聘用的学生还要抓紧时间准备6月的补充录取。加上自身的准备时间，几乎一年的光阴就在"就活"中不知不觉地溜走了。

虽然说世界上没有好工作会从天上掉下来，但是为了工作日本学生真是会拼上小命的。按照日本一贯的年功序列制度，一份工作几乎代表着一个人的后半生生活。随着国际化的增强，这一状况有所改善，但是在老一辈日本人眼里"以公司为家"的传统认识根深蒂固，反映在儿女身上，就是希望子女认真参加"就活"，以谋得一份稳定的工作。在学校里自由惯了的日本年轻人，忽然就被扔进"就活"的汪洋大海。毫无社会经验的学生们，在一年里四处碰壁、受尽鄙视，最终像"一条流浪狗终于爬进家门"，拿到录用通知的那一刻，真是解脱痛苦的感觉，远不如想象中那样喜悦。

本来生长在太阳旗下的青年们，除了个别长歪的，基本上还保持了正确的世界观、人生观、价值观。谁知道"就活"一开始，三观支柱就轰然倒塌。日本一个网站做了一项有趣调查，"有哪些是以前笃信，但是'就活'以后发现是完全错误的观念"，有网友回复说"高智商高学历 = 好工作"，得到了很多人的赞同。的确，"就活"一开始，各方妖魔便各显神通。从前拼命学习的学霸，也有可能找不到理想的工作。因为"就活"本质上是社会活动，除了智商学历等硬指标，社会活动能力、人际交往水平都有可能左右着"就活"的结果。甚至找熟人、拉关系的也不在少数。在学校里平等交往的同学，瞬间就有了差距。难怪"就活"结果不如意的同学会发出"三观已毁"的长叹。即使结果不错的同学，由于过五关斩六将，为了一己之利六亲不认地过独木桥，到达"彼岸"时也难免回头轻叹。

"就活"的恐怖，不在本身的辛苦、彷徨、挫败，而是"黑洞效应"。就是主观上再怎么不愿意去参与，客观上也很难不被卷入。一到大三，周围的同学都在谈论"就活"，学校的海报上贴满了"就活"讲座，9月开始许多企业会来轮回宣传招人，家里父母亲戚也按捺不住开始催促学生去参加"就活"。甚至打开电视，都有电视台播放某地"就活"的规模，有各路所谓专家的指导节目，不断有采访普通民众给"就活生"加油打气的小短片。简直无处可藏，作为"就活"的主角，几乎难以逃离这种气氛。

生活要继续，"就活"不能停。哪怕再艰苦，也要咬牙去。被就活"龙卷风"席卷过的人，才知道风平浪静时的美丽。这也许是日本上班族高质高效的秘诀——挺过"就活"的都不太差。

博士毕业生们就业受阻的背后

2012 年，日本文部科学省对该年度的共计 16 260 名应届博士毕业生进行了就业实态调查。通过调查结果获悉，在这些名博士毕业生里，只有 8 529 人有固定工作，属于长期聘用。而剩下的半数毕业生里，有 2 408 人被限期聘用，聘用期限在 1 年以上，但其后的收入和地位完全没有保障。另有 3 003 名博士毕业生"凤凰落地"，变成了赋闲在家的待业青年。在日本，怎么会有这么多的博士毕业生比大白菜还没有市场呢？

首先，博士毕业生本身的价值观念影响其就业出路。在日本，博士毕业生的传统人生路线，就是在校时埋头苦读，毕业后留校任教。这也被视为是最好、最保险的就业出路。

虽然博士毕业生们个个希望留在大学，但日本各大学能够提供的就业名额却没法随博士队伍的扩大而扩大。1991 年，日本博士毕业生的总人数是 6 201 人，大学教师的招聘名额是 8 603 人，可谓是一个萝卜一个坑，人人稳拿金饭碗。到了 2009 年，虽然日本全国大学教师招聘名额有 11 066 人之多，但博士毕业生的总人数却达到了 16 463 人。

名古屋大学商务人才育成中心副教授森典华也说："现在，就连大学教师队伍里，也有不少人将博士毕业生到企业工作，视为'失败者的选择'。要为博士毕业生打开就业之路，教师本身也得先转变价值意识。"

其次，比起博士，企业更愿意聘用硕士。2007 年，有 42% 的受访企业都表示，在最近 5 年内没有聘用过博士毕业生。2010 年，以制造业为代表的日本大型企业里，聘用应届博士毕业生的仅占 7%。

站在学历高峰的博士毕业生们，为什么这么不受待见呢？野村综合研究所于 2010 年提出的一份报告书中阐述："企业对于博士的评价并不低。但企业认为博士在能力上并没有比硕士优秀太多。而且有众多的意见认为，博士缺乏协调性。"

事实上，早在几年前，日本国立大学电气通信大学校长梶谷诚就认识到"日本的博士培养体制正在面临危机"。他说，"日本大学培养出来的博士一般只适合做研究者、学者，而不适合进入企业工作。可是一个国家或是企业是不能没有博士人才的。但现在要想培养出适应社会的博士人才，光靠大学自身的力量是办不到的，需要'产学官'联手才行。"日本国家综合科学技术会议议员、东北大学名誉教授原山优子也表示："为了维持国内的研究水准的高度，也为了将来的公司利益，日本企业应该积极协助大学培养研究人才。"

最后，日本政府只摇旗，不实干。从 1990 年代开始，日本政府方针呼吁，社会广泛需要高学历的研究人员。因此，日本各大学院也紧跟政策，积极招生。在 1991 年到 2006 年的 15 年间，日本博士毕业生总人数扩大了 2.6 倍。

可是日本政府只管摇旗，日本企业又不给力，造成许许多多的博士生一毕业就失业，大有上当之感。而学弟学妹见此情景，也开始对升学望而却步。比如 2002 年，选择继续攻读博士的硕士毕业生占总体的 14.1%，到了 2012 年，选择继续攻读博士的硕士毕业生就只有 9.6%，还不足一成。但即便如此，在这不足一成的年轻人里面，还有半数没有固定工作。

2013 年 6 月，安倍政府又推出新的成长战略，其支柱之一就是推动技术革新，多培养高端人才。的确，技术之本在于人。然而，不为人才预备安身之处，再如何拼命摇旗呐喊，下面也没有人跟上。

青少年成为"网络控"受害渐深

　　长时间沉迷网络，吃饭或走路时也忘不了玩手机，这是眼下相当一部分人生活状态的真实写照。随着电子产品越来越智能化和普及，加之互联网的发达，不但成年人对电脑、手机的依赖程度越来越高，这种依赖性还在呈现低龄化趋势。日本青少年就是如此。

　　在日本某综合研究所之前对785名小学生进行的调查中，约一成平时使用智能手机和平板电脑，近三成最想得到这两样礼物。小学四至六年级的男女学生每天分别使用电脑39分钟、27分钟，玩游戏的平均时间分别为2小时19分和1小时8分，看电视普遍超过3小时，而每天看书的时间分别只有34分钟和54分钟。

　　而 Video Research 公司近日的调查显示，617名被调查的青少年电脑使用率为44.2%，其中接触网络的比例高达86.4%，80% 浏览网页、查询资料，40% 观看、下载视频，

30% 玩网络游戏。此外，八成以上的青少年母亲表示非常在意子女上网做什么，约六成母亲在孩子上网时会陪伴，约五成母亲会采取措施避免孩子浏览有害网站。

虽然接受这两项调查的青少年都不足千人，也有相当比例的家长关注子女的上网情况。而且，在生活节奏日渐加快、新事物层出不穷的现代社会，网络强大的连接功能满足了青少年强烈的求知欲，使他们得以便捷地获取信息。但由于自控能力较弱等因素，青少年过多接触电脑和网络仍然是一件令人担忧的事情。

日本文部省从 1979 年开始进行学校保健统计调查，2010 年调查时，日本小学生视力不满最低标准 0.3 的比例已经增至 7.55%，而 1979 年调查时这一比例仅为 2.67%。此外，视力不满 1.0 的小学生比例高达 29.91%，幼儿园青少年视力不满 0.3 的比例也上升至 0.79%，同比增加 0.18%。

造成如此结果，小型游戏机和手机的普及是主要原因。因为接触电子产品不仅易于产生视疲劳，户外活动也相应减少。而户外活动不足、用眼过度等因素都可能诱发近视。除了给个人生活带来不便，近视高发还会在未来对日本一些制造业的发展形成视力制约，迫使日本向海外转移产业，增加支出。

但与此相比，更加不容忽视的是对网络传输的内容缺乏监管致使不良信息泛滥，因此导致的性犯罪高发低龄化。

据日本警察厅数据，2012年日本全国青少年色情犯罪案件同比增加9.7%，1 596起的数量创下历史最高纪录。青少年色情犯罪受害者共计1 264人，小学生所占比例高达56.3%，低龄青少年受害的倾向进一步加剧。此外，65 448名少年触犯刑法这一数字虽创下"二战"以来最低纪录，但性犯罪的少年人数有所增加，中学生超过六成。455名少年犯有强奸、猥亵罪，同比增加31.5%，中学生则占到287人。

性犯罪高发低龄化的原因多种多样，如正处于性成熟阶段、学校和家庭性教育的缺失、社会不良风气的影响。日本情色产业高度发达众所周知，随着智能手机、平板电脑成为网络信息传输的端口，情色内容肆意流行且使用者低龄化趋势明显，可想而知，电子产品必然对性犯罪低龄化起到推波助澜的作用。结果就是，缺乏自我保护能力的低龄青少年成为犯罪目标，受不良内容诱惑的青少年犯下罪责。

有研究证明，一个人在幼年时期成为性犯罪的对象，由此产生的焦虑、恐慌、抑郁等精神障碍终生都难以消除，不但日后更容易对他人实施暴力行为，而且会形成固化的变态人格。现在这些遭遇情色犯罪的日本青少年，未尝不是未来潜在的犯罪者乃至社会的不稳定因素。

青少年是国家未来的希望，少子化趋势有增无减的日本也不例外。他们从小受到的教育、接触的内容、成长的环境，

对一生都会有难以磨灭的影响。在这个意义上，如果加强对
网络不良内容的监管、对青少年使用电子产品和网络的引导，
日本不能不多加考虑。

中学生烟民大幅增加的背后

　　宾馆、商店、机场和出租车内，如今日本禁止吸烟的地方越来越多，外加香烟涨价，数据显示，2011 年日本的烟民比例较 2010 年又减少 2.2 个百分点，创历史新低。持续一年多的"禁烟"运动似乎收到了一些成效。

　　同时，另一组数据却显示，日本中学生烟民大幅增加，日本每天吸烟的中学生数量接近 2 000 人，其中 63% 的未成年人吸烟者通过购烟卡从自动售货机购买香烟。这一比例与 2008 年 42% 的调查结果相比，有了明显的增长趋势。

　　日本的大街小巷有不少香烟自动售货机。为了控制未成年人买烟吸烟，日本政府采取了"凭卡购烟"的方法，规定烟民必须向有关机构提交个人身份等信息，通过年龄认证后可获得购烟卡，然后持卡购烟。制度措施不可谓不完善，但仍无法阻止处于叛逆期的孩子们想尽办法把香烟搞到手。花钱从成人手中买烟、借用他人购烟卡买烟、从黑市上买烟，等等。五六月期间，日本三重县尾鹫中学的一名临时男教师就因多次给学生发放香烟和帮助学生买烟而被学校辞退。

从表面上看，这似乎是学校教育和社会环境问题，但其背后却隐藏着更深层次的利益冲突。

说到香烟，就不能不提日本烟草公司（Japan Tobacco，简称 JT）。这个原属于日本大藏省经营的日本专卖公社，自 20 世纪 80 年代中期改为民营企业后，就通过资本买卖大肆扩张，目前其市场覆盖面已扩大到 100 多个国家，成为世界第三大跨国烟草公司。在日本国内，日本烟草公司除了垄断烟草买卖外，还是一家涉足医药、食品、农业、不动产以及工程技术等方面的多元化公司，其经济实力和影响力不容小视。

在 2011 年世界杯排球赛上，日本烟草公司俨然把赛场变成了它的广告大舞台。不仅日本国家队的球衣上印有 JT 标识，而且赛场周边的数字广告牌、电视转播的插播广告也都是日本烟草，甚至送给进入东京代代木体育场观战的妇女儿童的礼品盒上也赫然印有 JT。在欧美国家早已禁止烟草公司赞助体育比赛的今天，日本烟草公司却逆势而行，由此可见其影响力非同一般。

因此，这样的势力集团是绝不会因为政府的一纸"禁烟令"而缩小其影响范围的。竭力保留香烟销售市场份额是其"当仁不让"的奋斗目标之一。在此情形下，他们一方面开拓女性烟民市场，目前有大约 10% 的日本女性吸烟；另一方面，他们也不放过在读的中学生。因为他们明白，青年人才是"世界的未来"。

此外，政治斗争也是日本"禁烟"不利的原因之一。日本烟草公司是一个名副其实的大财阀，它不仅是许多体育赛事的赞助商，也是政治献金的大主顾。对待这样的势力集团，日本哪一个政党都不肯轻言放弃，也不敢贸然得罪。这样，在制定有关香烟政策的问题上，往往会形成不同党派的利益之争。在一次内阁会议上，日本厚生劳动相小宫山洋子表示，"增加烟草税不是为了增加税收，而是为了保护大家的健康"，主张此事应由厚生省管理。而财务相安住淳坚持认为"这是自己的职权范围"。加之日本最大两个在野党自民党和公明党的强烈反对，最终导致上调烟草税的计划流产。

由此说来，党派之争、财权博弈，这些恐怕才是日本今后禁烟道路上的最大障碍。

复考生群体恐难如愿以偿

以大学在校生的身份报考其他大学，再次参加高考。这不是痴人说梦，而是眼下在日本日益壮大的"复考生"群体。

每年二三月份日本举行高考时，总是少不了"复考生"的身影。据一家高考补习学校介绍，9 年前日本复考生只有600 人，6 年前已增至 17 000 人，3 年前则达到 32 000 人，今春复考生的人数更是将近 40 000 人。

为什么"复考生"的人数增长如此迅猛？调查数据显示，对就读学校感到"不适应""不如意"，是"复考生"增多的最主要原因。那么，究竟该怎样理解这种"不适应""不如意"呢？

首先，日本现在的年轻人更注重个人感受、强调自我，这样一来，往往很难与周围的人融洽相处，心存不满时还可能无法克制自己的情绪，对所处的环境牢骚满腹，抱怨连连。

其次，现在的日本年轻人由于对大学和专业了解不够，一旦发现现实和自己理想中的大学生活存在差距，便会倍感失望。在他们看来，与其调适自我适应现状，不如通过复考实现梦想。

一位家在东京的男生复读一年后考入明治大学国际日本学院。最初他是被"国际"二字吸引，但他入学后却发现一切并不符合自己的预期。这位对美术史颇有兴趣的男生在分析各个大学的课程后认为，早稻田大学文学院的课程更适合自己，于是再次退学复读，几经周折终于如愿以偿。

再次，日本就业形势严峻和所学专业不符合社会需求以致求职难的现实，促使学生不得不正视毕业后的出路问题，这些客观上也促使了一部分大学生选择复考。正像熟知入学考试情况的"大学通信"公司常务董事田贤治指出的："不少学生在认识到就读的大学很难就业后，会重新报考专业性较强的院校。"

可见，多种原因造成了复考生人群的壮大。但是，复考果真能够让每个人都如愿以偿吗？非也。仅就需要承受的经济压力而言，未来的路也定然崎岖不平。

在日本，培养一个孩子成为大学生要花费上千万元，而日本父母由于收入下滑，承担这一费用绝非易事。假若复考生选择进入民间补习学校，诸如代代木教室、河合塾、骏台预备校等，这些学校固然以擅长收集各种私立、公立大学的考试资料和信息著名，考学的成功率高，但花费也是巨大的。

一年的学费和杂费加在一起，抵得上普通大学一年的学费。

父母培养子女考大学已是竭尽全力，大学期间的费用怎么办？助学金可以有。但日本的助学金将来要连本带利偿还，假若逾期，不但会受到债权回收公司的督促，还会被列入"信用不佳"的黑名单。这意味着，想要按时偿还贷款，必须有稳定的工作和收入。而据日本厚生劳动省的数据，2012年应届大学毕业生月薪为199 600日元，其中要扣除998日元雇佣保险和4 700日元个人所得税，从第二个月起还要扣除健康保险费9 970日元和养老保险金16 766日元。及至就业第二年6月份开始缴纳住民税（据前一年收入计算），如果薪水上涨幅度不大，到手的工资还会下降。由于日本经济不景气、用工方式改变，工作不稳定、收入下滑是必然之事。又有多少大学生敢申请助学金呢？

助学金不敢想，还是打工吧。但打工过多必然导致学习时间减少。日本全国大学生活协同组合联合会去年对日本30所公办和民办大学8 600名学生进行的民意测验，结果也证实了这一点：为预习和复习所学课程，文科学生平均每天学习28分钟，理科学生48分钟，平均每天学习38分钟。此外，大学一年级7.6%、二年级10.2%、三年级11.7%、四年级12.8%的学生一周学习时间为零。结合被调查大学生月平均生活费连续六年呈下降趋势，且生活费为零的学生增加10%，可以肯定，经济压力是大学生不得不减少学习时间的重要原因。但学习时间减少必然导致学习质量下降，并间接致使未来求职时的竞争力下降。

复考本是为了拥有更好的未来和发展，但如果出现上述局面，恐怕众多复考生需要冷静反思了。

东京大学从"龙门"变"陷阱"？

东京大学，日本国立大学之首。战争期间，它则居日本海内外十所帝国大学之首。日本战后首相中，吉田茂、鸠山一郎、福田赳夫、岸信介、中曽根康弘、佐藤荣作、宫泽喜一等 15 人都是东大的毕业生。东大的赫赫之名自是不必多说了。

然而，近年来，无论是东大在校生还是日本社会，都不再将考上东大看作是"一跃龙门"，甚至将其形容为"落入陷阱"。什么陷阱呢？

首先，进了东大门跟不上东大课。东大经济学部大四学生冈本正义将东大生分成三个等级，一等是天才，二等是接近天才的聪明人，三等便是像他自己那样的庸才。冈本说，"对于拼命学习的庸才来说，进入东大后就连一件好事儿都没有。"

冈本是自静冈公立高中考入东大的。在高二、高三的两年间，他几乎每天晚上在学校自习到 10 点多，接受老师一对一的单独辅导。得知自己考入东大时，他想的是"苍天不负有心人"，但真正进入东大后，他才知道自己无论如何努力都跟不上东大的教育。

东大理学部大三学生西田勉在讲述自己的东大体验时，话语里已经带着哭腔："数学太难了，从大一那年的秋天开始就有人掉队，到了大三，不管是哪个教授的哪堂数学课，真正能跟得上的学生还不到一成。但教授不仅不做辅导，就连讲课速度都不肯放慢。"

在智力中等，却肯付出相当努力的东大在校生看来，东大课程难懂又不实用，似乎是为天才准备的，4 年学下来也没什么收获。

其次，东大毕业生的牌子在就业市场不再吃香。在日本，东大毕业生无条件地受欢迎的时代已经结束了。一名 25 岁的东大文学部毕业生说，"自己已经连续两年就业失败。第一年面试了 20 家企业，第二年面试了近 60 家企业，但都被刷下了。" 东京大学东洋文化研究所教授安富步表示："只要能考进东大就一定能力优秀，这种先入观本来就不对。入学考试，能测试出的不过是一个人某方面的能力，与这个人的智力没有直接关系。以东大在校生和东大毕业生为代表的知识分子的最大特征，就是没有自己的想法。" 东大生"对于任何意见、任何想法都能装出理解了的样子。在没能真正理解的情况下，也会做出回答。这也是近年来，为什么东大生会在就业市场被说成'根本不能用'的原因所在"。

另据东大公布的汇总资料显示,在最近 10 年间,东大博士毕业生的就业率达到了 40%。但日本环境心理学专家、《高学历低收入群体》的作者水月昭道指出,这 40% 里包含了临时雇佣和短期雇佣,如果单算正社员的话,实际上就只有两到三成。他还说:"曾经,只要能考进东大博士课程,就会有地位。但现在即使拿到博士称号,也找不到就业渠道。到最后不是博士就是无家可归者。"

造成东大毕业生就业难的另一个原因,是所谓的"大企业病"。东大毕业生都是背负着家乡父老的期待,千里挑一考进东大的,所以在就业时就存在一种普遍倾向——绝对不选知名度低的企业。一旦背负上东大的牌子,即使毕业生们自己想放低身价,踏实做事,家里的父母等亲人也是很难接受的。

就如同上文的那名东大文学部毕业生,在连续两年找不到工作后,就选择利用自己的天赋,以"智弘 KAI"的笔名画成人漫画谋生。2012 年 7 月,"智弘 KAI"的作品正式在杂志上签约刊登。"在这个工作圈里,东大毕业生的头衔起不到任何作用。但现在我所从事的工作,也不能跟父母们说。"

最后,东大毕业生即便顺利就业,在单位里也会因人际关系受阻。中国有句老话,"人际关系是第一生产力"。但是东大毕业生进入社会后,大部分都在有意无意地破坏公司的"第一生产力"。

一名27岁的私立女子大学毕业生说："公司里有个东大毕业生，总搞得大家都很恼火，缺乏协调性又自尊心太强，而且对别人要求超高。从来给不出建设性意见，只会拿自己的能力当参考材料来要求我们。"

日本京都大学名誉教授、《论争·东大崩溃》的作者竹内洋分析称："东大生们是一个人长跑，通过常期的应试学习来获得成功，所以他们当中的很多人都没有配合别人的意识。他们不具备日本人自古以来就有的美德——协调性。与其说他们是日本人，不如说他们是另外的人种——'东大人'。"

那么，在法国巴黎高等矿业学院世界大学排名榜里亚洲第1，在美国《新闻周刊》世界100强大学排名榜里第16位的东京大学，是真的由"龙门"变成"陷阱"吗？其实不然，应该说原因出在日本社会趋势的变化上。在就业冰河期连年持续的眼下，日本社会整体都变得非常"现实"，年轻人上大学是为了方便找工作，公司雇佣大学生是为了增强"战斗力"。为此，也就出现了年轻人后悔上东大，公司拒绝用东大生的现象。

政府取消大学文科究竟是为何？

英国《经济学人》杂志在研究了"国际名人录"中近 5 000 位政治家的职业背景后，曾得出过一个有意思的结论，在美国法学毕业的精英独步政坛，在法国行政学院出身是仕途捷径。在中国国务院组成部门负责人里，也有近 76% 的人是文科背景。

即便如此，最近十年间，文科生就业没前（钱）途的言论就一直没有消停过。日本的中央省厅更是有意要逐步废除文科。据悉，2015 年 6 月，日本全国 86 所国立大学里，有 48 所以教育学、法学、经济学、社会学专业为主的文科大学都接到了日本文部科学省下达的结构调整通知，要求是或者废除文科，或者将文科合并进其他"社会需求比较高的学科"。

日本政府为什么这样对待文科生呢？说起来，这也是有传统的。当年，太平洋战争爆发后，日本开始征召大学生前往战场，史称"学徒出阵"，但征召对象仅限于文科生。到了即将战败的 1945 年，日本陆海军技术当局为保护理科生不被强征，还特意安排理科生到技术部门服役。索尼的创始人盛田昭夫，就是被日本海军理化研究所保护性征调的。那时，日本政府是有选择地让文科生充当了炮灰。

眼下这次下达废除文科通知的理由是什么？日本文部科学省给出的回答是，大学就要根据地域需求和产业需求来培养人才，文科生无论是在专业上还是在发展上都没有什么好出路。

这一则通知无异于否定了文科大学存在的意义。对此，有占六成的 25 所大学表示"能够理解"、"虽说文科一直以来是我们大学教育的主干，但考虑到少子化问题和社会需求的变化，做出调整和变革也是有必要的。"有 2 所大学表示"虽然很勉强，但也不得不接受"，另有 2 所大学表示"压根儿无法接受"，还有 13 所大学拒绝回答，更可能是对这则通知的一种无言以对。

日本的国立大学自 2004 年开始被法人化，每六年要制定一个中期计划提交日本文部科学省，由该省厅根据各校中期计划的进展程度和结果来予以评价，得分越高就能从国家拿到越多的运营费。

以经济学专业和教育学专业为主的滋贺大学，就是"虽然很勉强，但也不得不接受"的国立大学之一。滋贺大学校长佐和隆光认为，"大学不是培养上班族的地方，大学教育的意义在于培养有思考力、判断力、表现力的人才"。然而滋贺大学有半数的收入来源都是国家给的 31 亿日元运营费，而且在最近 10 年间，滋贺大学所获得的运营费呈现逐年减少趋势，已经比 10 年前少了十分之一，不得不从明年开始将经济学专业和教育学专业合并，建立一个新的数据科学专业。因为"只有从明年开始就废除文科或合并文科的大学才能成为运营费的重点分配单位"。

不仅如此，文部科学省还对这 48 所文科大学里没有将废除文科纳入六年中期计划的、占总体的八成以上的大学都给出了修改意见，而对于在中期计划中写明了要废除文科的大学则没有任何修改意见。

另外一所"虽然很勉强，但也不得不接受"的岩手大学，也初步决定在 2016 年将教育学专业和人文社会学专业招生名额减少 100 人，扩大理科招生名额。这是该大学从 1949 年建校以来的首次大规模调整。岩手大学校长岩渊明虽然认为"地方上的国立大学在培养文科人才上发挥了巨大的作用"，但也认同文部科学省的主张，"国立大学要有自己的特色，要能对应地域所面临的问题"。

正准备缩减经济学专业招生名额，重新调整教学内容的和歌山大学经济学专业主任足立基浩，对于文部科学省下达的通知表示了理解。她说："最近十年间我也发现了一个倾向，年轻人开始以毕业后好不好就业作为选择大学的重要衡量条件，所以地方上的国立大学也要迎合时代的变化，如果不改变教学内容，不贴合地方需求，会影响学校招生。"

上层压力、收入缩水、少子化问题、学生需求和社会需求的变化都是压在日本国立文科大学头上的几座大山，迫使这些文科大学集体改革。然而这对于日本社会来说究竟是吉是凶，还要以十年为一个基本单位进行观察。不管怎样，在文理科改革这一步上，日本又走在了中国的前头，无论吉凶都有参考的价值。

33 万大学生因借钱上学进黑名单

如今，日本有半数以上的大学生都要依靠贷学金来交付学费。为此，2013年3月末，日本新出现了一个全国性组织——"贷学金问题对策全国会议"，旨在帮助那些有债在身的穷学生们脱离苦海。

日本大学生利用的贷学金，几乎全来自日本学生支援机构。该机构是日本最大的贷学金提供机构，年利息为3%，返还时间从大学毕业时算起。申请该机构的每月12万日元的贷学金，基本是不需要任何审查手续的。但该机构会在每年新学期开始时，根据前一年的成绩来判断，要不要继续给有需要的穷学生延长贷学金年限。

2013年4月，向该机构申请延长贷学金年限的日本大学生共有91万多名，但其中有10 846人都被取消了贷学金资格。这在日本尚属首次。

这件事看上去，是日本学生支援机构突然收紧了钱袋口。

但实际上，是源于"积怨已久"。2003 年，毕业后没能按期还钱的大学生总数为 11 万人，可到了 2011 年，就疯狂增加到 33 万人，使得该机构有 876 亿日元的贷学金无从回收。

家在北九州的 30 岁女临时工山形美佳，就是这 33 万大军中的一员。美佳在读大学时，父亲因病入院，家中失去了收入来源，于是向该机构借了 4 年贷学金。现在本利相加，美佳肩负的是 800 万日元以上的债务。

毕业后，美佳进入北九州的一家 IT 公司工作，开始了每月 32 000 日元 20 年还清的还贷生涯。然而漏屋偏逢连夜雨，刚工作两年，美佳就患上了抑郁症，不得不主动辞职走人。

此后，没有收入的美佳向日本学生支援机构申请了最多 5 年的"缓期"，并将月还贷额减半。就这样，美佳要到 54 岁才能知道什么叫无债一身轻。

美佳说："借贷还钱，天经地义。但一想到我这一生都要背负巨债啊，人生还有什么盼头呢？"

不仅如此，2004 年，在小泉纯一郎政权下，原属日本文部科学省的日本学生支援机构变成了独立行政法人，并被下令要在 5 年内将没法还钱的苦学生人数减少到一半。拖欠时间超过 3 个月的就得上"黑名单"。截至 2012 年 5 月初，已经有 12 281 人因没能每月按时还钱被列入日本个人信用信息机关的"黑名单"，以后要想贷款买车买房或是申请信用卡都很难，从此人生处处受限。

可能有人会问，像美佳这样的为什么要坚持读大学？为什么不在高中毕业后就进入社会赚钱？实际上，如今的日本就业形势早就与 20 年前无法同日而语。1992 年，日本应届高中毕业生的招聘人数是 167 万人，到了 2012 年就只有 20 万人，剧减了 87%。日本中京大学教授大内裕和分析称："高中毕业根本找不到工作，所以即使是借钱，（日本年轻人）也不得不上大学。"

熟悉日本情况的人可能还会问，像美佳这样的为什么不申请个人破产？你可知道，申请日本学生支援机构的贷学金，是需要连带保证人的。美佳的父亲和叔叔就是她的连带保证人。如果美佳申请个人破产的话，她的父亲就不得不卖掉全家四口现在居住的房子，而剩下的贷款还得由美佳的叔叔来负担。

因为高中毕业无法就业，所以日本年轻人就是借钱也要上大学。而在每 4 名应届毕业生里就有 1 名是非正式雇佣的今天，有几个穷学生能真正还得起钱？在这样一个深具日本特色的怪圈当中，还有成千上万个美佳。

大学生打"黑心工"该怨谁？

日前，日本中京大学教授大内裕和在"脸书"上感叹："大学生们的打工市场是一年比一年更为黑暗，打工到深夜的学生在课上睡觉，有些根本就起不来只能旷课，考试前也经常听见学生们抱怨，因为打工根本没时间复习。"

这条帖子下面引来了很多日本大学生吐槽，纷纷反映自己也遇到过这种打工环境，无视个人意愿的强行安排打工时间、和正式工一样每月都要达标、开店前的准备时间不算工钱等，有的地方甚至拖欠支付学生的打工收入。

大内教授将这种不尊重大学生意愿，让大学生拿着比正式工低的工资，却要完成和正式工同等工作任务的打工环境叫做"黑心工"。近年来，兼职的大学生遭遇"黑心工"已经成为日本全国共通的现象。2014 年，日本教育界、法律界专家及 NPO 法人等为了推动政府出台"黑心工"对策，也进行过一次全国范围的大学生打工实态调查，调查结果显示有七成左右的大学生都打过或正打着"黑心工"。

如果是中国的都市大学生遇到同类问题，恐怕会拍拍屁股走人，不受这份活罪，然而现在的日本大学生却极少能"洒脱"得起来，原因主要有三点。

首先，日本大学生的经济压力相当大。从 20 世纪 90 年代开始，日本经济每况愈下，民营企业员工的平均年收入从 1997 年的 467 万日元减低至 2012 年的 408 万日元，家庭平均收入由 1996 年的 661 万日元降低至 2012 年的 537 万日元。这种减少趋势自然也决定了大学生每月能从家里拿到多少生活费。

据日本文部科学省调查结果，1995 年每月能拿到 10 万日元以上生活费的大学生占总体的 62.4%，但是到了 2014 年就只有 29.3%；每月拿到的生活费不足 5 万日元的大学生在 1995 年只占总体的 7.3%，但是到了 2014 年就增加到了 23.9%。

为此，大学生们的打工目的，也从以前的"为了给自己多赚点零花钱"、"计划去旅行"等，变成了"不打工赚钱就没法维持大学生活了"。

其次，日本大学生的学费贷款从无息变成了有息。目前，日本有半数左右的大学生都是靠贷款交的学费，一毕业就要按月返还。全日本最大的提供学费贷款的机构是日本学生支援机构，有八成的贷款都出自这里。

从 1998 年起，日本学生支援机构就几乎不再提供无息贷款，不想债务缠身的大学生只有选择降低贷款总额，其余的靠自己打工填补。还有一部分贷款大学生，为了多少减轻点毕业后的负担，在大学期间就打工攒钱等着还贷。所以"黑心工"也不用担心雇不到大学生，而且还很有挑挑拣拣的余地。

最后，日本就业市场里的非正式工越来越多。自小泉纯一郎政权以来，日本的临时工、合同工等非正式工就急剧增多，从 1992 年的 1 053 万人增长至 2012 年的 2 013 万人，达到了被雇用者总数的 38.2%。

伴随着正式工雇用的减少，原本属于辅助性劳动力的非正式工也担负起了和正式工一样的责任以及工作任务，但工资却要便宜很多，作为新兴词语出现的"临时工领班"、"打工店长"等就体现了这一问题。因此即便是大学生，在打工岗位上也是一个萝卜多个坑，不能按意愿请假，也找不到可以替换的工友。

经济压力的增大、学费的有息贷款化，非正式工的增多等社会变化，都是让日本大学生们摆脱不了"黑心工"的重要因素。大学四年的体验和吸收，决定了一个大学生离开校园后是否能立即发挥战斗力，而过早地进入劳动市场，让劳动占据了大部分精力，可能会让将来的骨干力量——大学生们的能力变弱。

　　当"黑心工"成为普遍现象，成为七成大学生的困扰，解决的关键就不在大学生身上，而是整个社会的课题。

日本校园足球缘何走在中国的前面

快过年了突然聊起足球的话题，似乎有给大家添堵的意思。对于所有正在关心或者曾经关心过中国足球的人来讲，"哀其不幸，怒其不争"似乎成了他们对于中国足球的感情标配。眼看球迷已经心如止水，最近的一则新闻却又向一潭死水中投入了一颗石子，并激起层层涟漪。于是乎，永远未曾真正心死的球迷们，又被拨动了心弦。

日前，中国足协通报了一项决定，从 2016 年联赛开始，中超与中甲联赛每队每场比赛中，外援上场名额由之前的"3+1"减至"累计上场最多 3 人"，另外每场比赛必须有 2 名 U23 年龄本土球员报名，至少有 1 人必须首发。虽然有人批评中国足协此举有行政干预之嫌，不过从舆论反应来看，依然还是叫好声居多。最主流的意见就是，此举能够保证有更多的本土球员的上场机会和时间。

这些年中国国力蒸蒸日上，在军事、科技、经济、文化等领域都取得了突出的成就，唯一拿不出手的，也就是中国足球了。自从邓小平提出"足球要从娃娃抓起"到现在，也有三十多年了，中国足球一直在喊从娃娃抓起，但是真正从娃娃中抓起来的球星却没几个。反观我们的隔壁日本，虽然没有类似于"从娃娃抓起"的口号，但却真正地做到了从娃娃中抓起，从校园中抓起。就校园足球的发展这一点来看，还真是不服不行。

日本的"校园足球"至今已有百年历史。早在1917年，关东关西两大大学联赛和全国高中足球锦标赛便已诞生，甚至比日本足协成立的时间还要早。日本各地的小学、中学、高中基本都建有自己的足球校队。经过一百年的发展，日本的校园足球至少呈现这么几个特点：

一是足球在校园里首先是作为一种兴趣而存在。日本文部省制定的体育课教学大纲中指出，足球作为"进球型"运动，其学习目标是通过控球和传接球，感受团队合作的乐趣和踢球的快乐。因此，日本的足球教学主要以培养孩子的兴趣为主。截至2016年1月，足球已连续六年成为日本男孩心中的第一梦想职业。

二是足球在校园里更是作为一种教育手段而存在。比如，日本学校现在流行一种"足球人格教育"，内容是：球场上，球员们可以全力以赴、无所顾忌，但一定要尊重教练、尊重对手、尊重裁判；球场下，球员可以有自己的圈子、爱好，但一定要团队为先、集体活动，不能搞特殊；生活中，球员可以像自己的同龄人一样活泼、顽皮，但对待师长、对待后辈，一定要尊敬、爱护。也就是说，日本学校对学生球员的培养，不仅是技术，更有对规则、道德等品质的教育。日本国足敢抢敢拼，有凝聚力，战术执行能力强，同时又很少有球场暴力事件发生，不得不说日本的这种足球教育在其中也发挥了一定作用。

三是日本校园足球经过百年发展，目前已经形成了较为成熟的赛事举办和球员选拔体系，可以持续不断地为本国足球输送新鲜血液。如果把日本校园足球的全国性赛事体系，按照日本足协定义的U12、U15、U18及大学的年龄划分，可以分为小学足球、初中足球、高中足球和大学足球。从小学到大学，由日本足协主办的全国校园赛事就有7个。其中，日本高中足球锦标赛从1917年举办至今，已经举办了将近一百届，每年的高校足球锦标赛都会有近6万名来自全国各地的球迷前来观赛。也就是说，日本的校园足球联赛虽然不是职业联赛，但是其火爆、成熟程度，却一点也不比职业赛事逊色。另外，值得一提的是，目前日本男足的23名国脚中，有12人都是从校园联赛中走出来或是被球探发现的。校园足球对日本足球的发展，可谓功不可没。

足球的希望在孩子，足球的未来在校园。虽然在中国对这一点没有异议，但是怎样发展我们的校园足球，怎样在发展校园足球与发展教育教学之间取得平衡，依然还没有更多的成功经验。或许，日本校园足球的发展，可以给我们提供一种借鉴。

困惑与抗争

大学教育深陷贵族化怪圈

最近，"东京地区私立大学教职员联合会"公布了2015 年东京、神奈川等"一都四县"的大学新生家庭状况。数据显示，2015 年日本学生的平均借款为 183 万日元（约10.84 万元人民币），创下历史新高。其中，借钱上学的家庭达到了 17.9%，日本的大学教育正在加速"贵族化"。

日本大学生第一年的花费最多，约为 295 万日元。而他们每个月得到的家庭补助却仅有 8.67 万日元，连续 15 年减少，比 1994 年减少了 3.82 万日元。东京地区大学生平均每天的所有花费不超过 850 日元（约合 50.3 元人民币）。

屋漏偏逢连夜雨。早稻田大学、庆应大学、日本大学、上智大学等大学从 2016 年 4 月开始上调学费。学校方面称，学费上涨主要用于改善教育环境，同时也是迫于消费税增税带来的巨大经费负担。受调查的 39 所学生数量超过 1 万的私立大学中，至少有 13 所表示学费将上涨。他们表示"学生减少导致收入减少，学校削减了开支，但是为了完善教育环境不得不调高学费"。

日本大学生的经济状况越来越差，究竟是什么导致的？

首先，由于日本经济持续下滑，民众收入不断降低。厚生劳动省的统计显示，1996 年日本上班族平均年收入为 498 万日元，而在 2010 年，减少到 405 万日元，减少了近百万。然而，日本的消费税却在不断上涨，从原来的 3% 增长到现在的 8%。这直接导致了家庭在教育上的投资大幅缩水。家长能够给孩子的生活费也越来越少。

其次，少子化导致大学生越来越少，学校运营举步维艰。2016 年 2 月 26 日，日本总务省发布的《2015 年国势调查速报值》显示，截至 2015 年 10 月 1 日，日本总人口数为 1.27 亿人，比 2010 年减少了 94.7 万人，降幅为 0.7%。而另据日本内阁府统计显示，2010 年日本 14 岁以下青少年人数为 1 684 万人，而到 2015 年减少到 1 500 万左右，2060 年更将是跌破 1 000 万人，降低到 791 万人，这意味着上大学的人数越来越少。人数减少，大学的收支越来越不平衡，大学也不得不通过涨学费的形式维系运营。

经济不景气对社会的冲击是全方位的，而很多学生因为没钱，不能上大学，即使勉强上了大学的学生，也可能因为学校贷款，毕业时背负四五百万日元债务。学生减少，也势必会影响日本的科研能力。于是，人们开始怀疑，日本还是那个以教育引以为豪的日本吗？

"奖学金破产" 折射体制障碍

随着日本经济形势的持续低迷，财经领域"破产"的企业经营者及负责人已经屡见不鲜。可是很少会有人想到，如今日本的教育领域也出现了一大批"奖学金破产者"。

日本所说的"奖学金"，严格来说应该与中国的"贷学金"相似。因为这些钱是要还的。所谓的"奖学金破产者"，是指大学时代依靠申请奖学金完成学业，走入社会后却无力偿还，处于自我破产状态的年轻人。

"日本学生支援机构"是向大学生提供无偿和有息贷款的主要机构，近年，随着有息贷款利用者越来越多，欠账不还的"贫困学生"比率直线上升，而由此引发的诉讼案件也只增不减。据统计，2004 年，相关性质的年度诉讼案件仅有 58 起，而 2012 年高达 6 193 件，增幅超过 100 倍，实质上的"奖学金破产者"比率也翻了一番。

以上述学生支援机构为例，目前大约有一半在校大学生享受该机构各类奖学金借贷服务。值得关注的是，在无息和有息两种主要的贷款方式中，2015 年前者利用者大约为 46 万人，而后者则为 88 万人。由于经济拮据，贷款即便附带利息也越来越受到大学生青睐。然而，奖学金以贷款形式惠泽贫困大学生，却在其毕业之后又成为一种经济负担，就不得不让日本人反思自身的教育模式。

日本专家指出，即使从全世界来看，在发达国家里，仍然没有正式公费型奖学金的恐怕也就只有日本了。这也反映出日本在推进高等教育义务化方面停滞不前。而众多"奖学金破产者"的出现，其背后却有着多重原因。

首先，日本大学学费膨胀。仅从国立大学看，1960 年和 2013 年对比可知，学费高涨了 50 倍。居高不下的大学学费，让接受高等教育成为一件越来越"奢侈"的事。众多普通家庭特别是有困难的家庭，则面临着要么放弃继续深造，要么负债累累"寒窗苦读"的艰难选择。对此，中京大学教授大内批评称，尚未走入社会便要背负巨额借款，这一体制本身就十分荒唐。

其次，就业和打工环境日益恶化。日本经济长期低迷，终身雇佣制度和论资排辈的"年功序列制"也在悄然发生改变，铁饭碗不仅越来越少，对于普通日本年轻人而言，想要谋一份正式工职业，变得难上加难。完成学业就立即失业，在不少人身上已经成为现实。加之社会上黑企、黑工等现象的频现，导致大学生一方面无法通过踏实劳动补上经济缺口，另一方面难以专心学业，最终两头受损。

最后，社会福利保障的天平倾向高龄人群。目前，福利保障领域的贫富落差已成日本社会不争的事实。日本年轻人不但要面临就业率低下的问题，一旦走入社会，还要支付较重的各项社保金，不得不为比自己还富有的老年人"买单"。这也客观上加重了初入社会的年轻人的经济压力。

目前，安倍政府提出"一亿总活跃"的目标，意在让年轻人充分散发激情与活力，成为社会中坚，带动全体国民共同富裕。可是刚刚走出社会就背了一屁股债的日本年轻人，如何能活跃得起来。

申请奖学金，本是为了实现"自身硬"，好为将来"打铁"，不想许多年轻人就被绊倒在这笔钱上，无法平等地参与竞争，这被不少日本学者视为是一种"违宪"。大量的"奖学金破产者"，让安倍政权"一亿总活跃"的这块看板还没立起来，就已经遭到了严峻现实的拷问。

传统端庄的成人礼怎么变了味

2016 年的 1 月 11 日，在中国算是个迷你光棍节，在日本，却是盛大的成人节。在这一天，年满 20 岁的青年男女都要身穿传统服装参加官方或民间团体为他们举办的成人仪式。按理说，这是一个十分神圣和庄重的节日，但是在近年来的成人礼上，人们惊讶地发现，奇装异服、惊世骇俗似乎成了该节日的代名词。

比如就有记者拍到日本女孩叼着香烟入场，还有的姑娘把自己打扮成"花魁"模样，更有人在脑袋上装饰几个赤裸裸的芭比娃娃，如"中二少女"。这还不算最另类的，最另类的莫过于抱着自己已经出生两三年的娃娃来参加成人礼的。难怪有日本民众为此愤怒："看你们把这个传统节日糟蹋成了什么样？"而作为旁观者，我们也不禁要问："一度传统端庄的日本成人礼，你咋就变了味？"

成人之日是日本的节日，目的是向全国本年度年满 20 岁的青年男女表示祝福。明治维新前定于正月十五日（即元宵节），日本废除农历后改为西历1月15日，2000年改订为在每年1月的第二个星期一。

成人礼意味着日本青年男女从这天开始，就是成人了。从此之后，他们可以吸烟、喝酒，而违法则要负全责。因此，这个节日在日本是非常重要的，通常会要求身穿日本传统服饰参加，并且还会有各种活动。内容包括年轻人宣誓、长者祝贺以及参加各种传统的文娱活动等。可以看到，这个仪式包含了很多日本传统文化的内容。

可是，传统在现代，总是会遇到这样或那样的挑战。而对于日本成人礼，最大的挑战莫过于年轻人把它当成一个"秀场"和大Party，从而消解了该传统节日的神圣与庄重。

最根本的原因或许还在于传统观念与现代思维的碰撞。在传统观念看来，成人礼赋予了一种形式上的神圣意义，它标志着人生经历中重要的一步。即从这一天开始，年轻人将要承担起自己的社会责任，要为自己今后的所有行为和选择负起责任。

但是在日本年轻人看来，成人礼本就是年轻人相识相聚的舞台。20岁又是人生最美好的季节，再加上受西方自由主义思潮的影响，以自我感受为中心，表现自我风采，展现自我个性，成为他们参加成人礼的最主要目的。一言以蔽之："我们就是来玩的，不想思考什么人生意义！"

很难说孰是孰非，只是禁不住叹息，又一个传统的节日和仪式慢慢变了味道。不过，当今世界日益多元化，有对传统的解构，也有对传统的坚持。在日本"3·11"地震灾区，日本岩手县200多名青年的成人礼上，他们就发出了"努力学习和工作，立志复兴家乡"的宣言。或许，这才应该是当代青年的"主流好声音"。

女孩弃母求生引发舆论大地震

从 2011 年这个年头开始，3 月 11 日——对于日本民众来说，就不再是一个让心灵可以平静舒缓的日子。

当年的这一天，日本东北部海域发生了里氏 9.0 级的地震并引发海啸。时至今日，灾区的振兴重建工作仍在进行中。灾区的重建虽然工程庞大，但却可以按部就班地向前进行。真正的重灾区，是灾民们无法愈合的心。

2015 年 3 月 11 日，东京都千代田区的国立剧场里举行了"3·11"大地震遇难者悼念仪式，纪念造成近两万人遇难的东日本大地震四周年。当天，日本天皇夫妇、首相安倍晋三以及岩手、宫城和福岛三县的遇难者家属出席了仪式。

在仪式举行过程中，参加者们集体默哀为遇难者祈福。来自三县的遗属代表们上台发言，回忆这 4 年来的心路历程。其中，一位胸戴白花长相清秀的 19 岁少女格外引人注目。她的名字叫菅原彩加，来自受灾严重的宫城县石卷市。她的母亲、祖母和曾祖母三人都在那场大地震意引发的无情的海啸中遇难。"在被冲走后，我幸运地漂流到了一座瓦砾堆积起的小山上，就在那一刻，脚下传来了呼叫我名字的声音"，"母亲的右脚被夹住以至于不能拔出来"，"我很想救出母亲，但是如果我继续待在这里，就会被水冲走而死"，"在对着向我说'不要走'的母亲说了'谢谢，我爱你'之后，我便游到了附近的小学，随后，天亮了"。

菅原彩加在天皇夫妇的注视下，用平静的语气讲述了4年前丧母的经历，让不少人泪流满面，感叹其果断坚强。但与此同时，菅原的演讲也引发了日本网络上的舆论大地震。很多网友将目光转移到了她的生活上。比如在短短4年间，菅原的容貌发生了很大变化，因此被怀疑是使用捐款进行了整容手术，同时还被怀疑拿着捐款在欧洲22个国家旅游。另外，有人翻出了菅原在社交网络上晒出的与朋友吃烤肉的照片，桌上不仅有烤肉还有几罐啤酒，因此被质疑其涉嫌未成年人饮酒。

当然，最让人产生怀疑的还是她这次的演讲的内容。有网友直接翻出了2011年菅原作为日本震灾遗属代表，参加同年9月在中国大连举办的达沃斯论坛活动的介绍函。介绍函中这样写道："在海啸中，母亲和祖母不幸身亡，曾祖母下落不明。自己也在海啸中负伤，最后在自家屋顶上待了两晚才得救。"这段介绍与此次菅原的演讲存在明显矛盾。有网友评论"十几岁的孩子真的能在海啸中游泳？这恐怕是超人也难以做到吧"，"母亲说'不要走'，女儿说'谢谢'，这种对话让人觉得匪夷所思"，甚至有人将菅原称为日本理研那位不惜学术造假的"小保方第二"。当然，这些质疑都还有待考证。不过，也真的可以看出日本网友们对于这位"地震偶像"的态度，两个字：纠结。说她做的不对，可她毕竟是个失去亲人的坚强女孩；说她做得好，似乎又觉得有些奇怪。

　　如今在日本网络上，"人肉"、"讨伐"菅原彩加的声音越来越多。这也让我想起了 2008 年 5 月中国四川汶川大地震后轰动一时的"范跑跑"事件。对此我想说，对于没有经历过山崩地裂令人绝望的灾难的人们来说，谁也没有资格站在道德高点来评判一位死里逃生的灾民的对与错。很多时候，打着正义的旗号的人，更会让灾民的心再次受伤。

高中生为何不想"出人头地"

　　共同社 2013 年 4 月 22 日报道，一项面向近 2 000 名日本高中生的调查结果显示，有高达 53.8% 的高中生"不想"或"不太想"将来出人头地。该调查由日本青少年研究所于 2012 年 9 月至 11 月实施，除日本之外还在美中韩三国分别对 2 000 名学生进行了相同调查，上述三国中，"不想出人头地"的学生比例分别为美国 17.4%，中国 9.2%，韩国 27.0%，均远低于日本。

　　年轻人本应意气风发，挥斥方遒，何况是年纪轻轻的高中生。年龄那么小就不想"出人头地"未免让人有些诧异，这组调查数据很明确地展现出日本年轻人的一种"钝化心态"——缺少锐气，太过保守，不敢去闯。

　　日本 BENESSE 教育研究开发中心曾对日本近 14 000 名中小学生进行调查，其中表明自己"有理想"的小学生占 58%，中学生占 54%，高中生占 51%，呈现出越长大越没理想的态势。这次的问卷调查可以说是一个很好的佐证，理想追求淡薄了，何谈"出人头地"？

正如日本青少年研究所负责人所分析的那样："日本的高中生倾向于安于现状。或许受经济长期不景气的影响，跨越障碍的意愿日渐淡薄。"经济高速发展，整个国家处于上行态势时，会有很多机会，只要年轻人肯努力，抓住机会就能实现理想抱负。这在中国就很明显，虽然存在一些"拼爹"现象，可是整个国家的发展呈现出旺盛的状态，尤其是诞生了很多财富新贵，对年轻人具有很强的刺激和示范效应。

日本的经济低迷期已经持续了二十多年，这些年轻的孩子一出生就受低迷情绪的影响。正如上智大学武内清教授所说，"在不景气时代里成长的一代，很难再对未来拥有远大理想。追求无法实现的梦想只会不断受伤，更多的年轻人倾向过一种安定的人生。"

追求自己的理想抱负，出人头地存在一定风险，个人的发展仅凭自己的激情是远远不够的，必须契合整个社会大环境，就是人们常说的"时势造英雄"，倘若缺少社会大环境的支持，个人想出人头地真的很难。

日本年轻学生的求稳心态，从他们的职业选择取向就可看出。日本学生最愿意从事的职业前两位分别是公务员和教师，特点是收入稳定。除了社会大环境的因素，还有不可忽略的一点就是日本学生对承担责任的一种排斥。在被问及如何看待出人头地时，69.5% 的日本学生认为"责任会变得更重"。怕承担责任竟然成为不愿意出人头地的理由。

2008 年，日本的一本畅销书《"食草男"正在改变日本》提到，"与战后日本男性为了事业牺牲家庭的投入相比，新一代'食草男'在泡沫经济中成长，没有竞争力，持续低收入，时常对于未来有种幻灭感。"日本年轻人更务实，他们很少像父辈那样，为了肩负所谓的责任，甘愿自我牺牲。

日本企业的终身雇佣制、论资排辈文化也阻碍了年轻人出人头地，一些年轻人甚至还未走出校门，就向往着像父辈一样毕业后得到一个终身雇佣的保险工作，不再有危机意识。这对于正在谋求经济复苏的日本显然不是个好兆头，年轻一代创新和竞争精神匮乏可能成为日本经济复苏的杀手。

青少年"不知饥饿"后的沉沦

据日本 *Postseven* 近日报道，日本文部省发表调查结果称，日本中学生对未来的设想出现两极分化，一部分人"求稳、求安定"，仍然憧憬公务员和教师等安定职业。而另一部分人则对未来毫无计划，认为工作无所谓，长命百岁就行，人生只有一次，想做什么就应该做什么。

众所周知，战后日本能够迅速崛起，成为世界第二大经济强国，与当时年轻一代的辛苦付出和自我牺牲有着直接的关系，他们有着很强的集体观念和国家意识。而今，他们的后代，正变得愈来愈自我，愈来愈消沉，愈来愈缺乏斗志，愈来愈没有方向……因而被称之为"消沉的一代"。他们心目中的英雄是赛车手、喜剧的电影电视演员；他们不喜欢数学和自然科学，立志成为美容师和电脑游戏制作者；他们经常炒掉老板改换工作；他们打扮得更像"外星人"。与此同时，越来越多的日本青少年却追求安逸生活，以自我为中心，对国家和社会缺乏责任感。其中，有部分日本青年缺乏奋斗精神。

在日本，98%的孩子会进入高中学习，日本现在共有约337万名高中生。但目前，这个群体却被广泛认为是"丧失活力、丧失热情、凡事都漠不关心"的一代，处于令人担忧的消极精神状态中。为此，日本社会正在大力呼吁和设法改变这一现状。

日本青年的传统文化意识弱化，有相当一部分日本青年的业余生活显得较为贫乏，其内心世界更趋于封闭，缺乏对家庭的责任感。色情行业、色情书刊和音像制品的泛滥，更是引发了诸多社会问题和青年问题，导致日本青少年犯罪率不断升高，"二进宫"现象明显。

日本青少年育成国民会议提供的一份资料显示：只有48.2%的日本青少年愿意为国家做贡献，愿意"为社会献身"的青少年很少；对政治关心的青少年只占日本全国青少年的37.2%。

另据日本研究机构公布的数据显示，在接受调查的日本高中生中有1/3"感到孤独"，2/3的人认为"自己是废物"，城人表示"人生没有目标"。

有些日本大学生毕业后不找工作，仍愿吃住在家，不愿意出去赚钱。有的整天沉溺在网络游戏里，对出去工作的人嗤之以鼻。还有一些日本青年，他们既不去工作，也不去上学或接受培训，人们称他们为"NEET"一族。

　　日本许多青少年成长分析家认为，日本青少年之所以与他们的父母有如此大的差别主要是因为"他们不知道饥饿的滋味"。尽管日本现在面临着经济衰退的问题，但"消沉的一代"却过着日本历史上最奢侈的生活。

　　日本一名经济学家不得不用"寄生虫"来形容他们。随着越来越多的年轻人不愿意工作，以及人口老龄化等因素，日本的劳动力资源将面临枯竭的危险。有日本经济学家预测日本的熟练工人数量将会锐减，经济发展潜力也会下降。显然，这对于谋求复兴的日本来讲，是一个很坏的消息，青少年的状态决定日本未来的样子。

"暴走"少年飞驰而过的青春

在一般人的印象中，日本人被贴上了"温和"、"谦卑"的标签。举手投足都彬彬有礼，待人接物也是谦虚谨慎，生怕自己的一点疏忽妨碍到别人。但有这么一群人，他们打扮夸张怪异，开着改装过的机车，成群结队地从安谧的公路间呼啸而过。他们就是"暴走族"。

2014 年，日本鬼才导演园子温携新作《东京暴走族》在洛杉矶 Beyond 电影节进行展映。这部作品改编自井上三太的同名漫画，以东京为舞台背景讲述了围绕着"暴走族"之间的恩怨情仇。演员阵容更是堪称豪华，集结了铃木亮平、佐藤隆太、中川翔子等多位实力偶像。想必即便是没有看过漫画原作的人，都会忍不住对"暴走族"提起兴趣。

20 世纪五六十年代，以日本的富裕阶层为中心，出现了一些喜欢骑着摩托兜风的年轻人。他们故意拆去消声器，在震耳欲聋的轰鸣中骑着摩托到处兜风，因此又被人们称作"雷族"。

到 1970 年之后，由于价格的下降，摩托车不再是普通人可望不可求的奢侈品，不少未满 20 岁的不良少年们开始模仿起在他们看来很是潇洒的摩托车大哥们。在这群不良少年当中，不可避免地出现了暴力事件。1972 年，在日本富山县富山市就曾引起了极大的骚动。因此"暴走族"的叫法逐渐在社会上扩大，就连警察局也在正式的文书里使用了这个词。到了 1975 年，日本全国出现了大约 571 个"暴走族"团体，人数达到 23 000 人之多，其中 45% 都是高中生。媒体也开始铺天盖地地报道与"暴走族"有关的新闻，他们被定义为"崇尚暴力和速度的一群人"。对于年少轻狂的他们来说，挑战法律权威，与警察挑衅，让市民畏惧的自己像个巨星。他们乐此不疲地给自己装备上个性的特工服，在车上竖起各色旗帜，嚣张跋扈地在公路上制造属于他们的"音乐"，也形成了日本重口味的"暴走文化"。

但这样的"暴走"青春对于这群不良少年来说，也只能是一场特殊的"中二病"。大多数"暴走族"过了 20 岁便会"金盆洗手"，脱下战服收起爱车，和普通人别无他样地工作生活。曾经名震一方的"specter"（暴走族社团名）老大羽月在淡出江湖后，与同时期"暴走"社团首领的女友结婚，现在的他从事建筑行业，而太太则安心地做起了全职主妇。当然，羽月也会常常和那些一起"暴走"过的"战友"们联系，他们有的成为律师，有的则选择去海外工作。

近年来，"暴走族"的数量在直线减少。据日本警察厅的数据统计，日本全国警察现在所掌握的"暴走族"成员数量仅为 8 509 人。集体暴走和聚集活动共计 2 923 次，同比减少了 18%。这与日本经济的衰退和越发完善的法律密不可分。

回想过去，羽月觉得既充实又略带伤感。或许在我们这些外人看来，暴走一族的行为失礼甚至是幼稚，但仔细想想，自己又何尝没有过一段中二的"那些年"。对此，曾是"暴走族"一员的岩桥所说："'暴走族'是年轻人宣泄情绪的一种表现，这种叛逆期的精神永远不会消失。"

或许，每个人都有少年张狂时！

年轻人吐槽企畜引发职场新思

　　说起职场，如今很多日本年轻人都会"谈时色变"。加班，已经成为日本延续多年的企业文化之一。为工作奉献一切，曾经让日本引以为豪，但时至今日却让日本社会苦闷不已。一场关于人生和工作的新思考，正在日本年轻一代中悄然兴起。

　　30 岁的日野英太曾是东京大学研究生，在校时曾尝试过创业却不幸失败，后进入东京某家知名上市软件企业工作，最终难以忍受长时间工作拂袖而去。他结合自身经历和思考，以"脱企畜——如何与企业保持距离"为主题的博客，开始红遍日本网络，每月持续吸引 10 万以上的粉丝，也引起了日本各界的广泛关注。

　　"过劳"是日本职场的一个普遍现象，并引发了一系列社会问题。而日野提出的"企畜"概念，戳中了问题的要害。这里的所谓"畜"，是形容日本上班族就像被圈养的牲口，每天起早贪黑把生命的绝大部分时间都花在公司，时刻摆脱不掉它的影子，渐渐成了一种没有自由的"经济动物"。

长期以来，日本企业崇尚长时间劳动，也就是加班。工作时间的长短，被视为职员对工作的热爱和奉献程度，与工作态度挂钩，并成为能否得到晋升的直接评判标准。凡事有利必有弊。日企这种勤勉、吃苦、忍耐的精神背后，也带来了一系列不断恶化的"副产品"。

它直接造成员工身心长期处于亚健康状态，效率大幅下降，感受不到工作的价值。在男主外女主内的传统观念下，男人越来越脱离家庭，女人则无法兼顾事业和育儿的重负，成为无奈的主妇。整个社会的劳动力状况，陷入了疲劳战般的恶性循环。

而这些，都只是"过劳"带来的具体问题。更深层次的困惑是越来越多的现代日本人，在职场与家庭、工作与生活之间渐渐迷失自我，麻木于两点一线，找不到生活乐趣与人生意义。许多人在两者之间无法定位自己，丈量不清两者的合理距离，也导致了"宅男"、"啃老"、"痴汉"等诸多问题。而这一点，正是日野提出的"企畜"思想的核心。

最让人忧心的是，日本企业文化正在制造越来越多的"企畜"，让男男女女都得不到解放。对于日本女性来说，要么在工作的重压下死撑，不敢结婚不敢生小孩，失去青春后再被抛弃；要么成为主妇，囿于家庭的小圈子中与社会脱离，与丈夫渐行渐远，最后甚至走上偷情、离婚等道路。日本劳动政策研究机构统计显示，日本约有六成女性在生第一胎后都不得不走向辞职。此种现实面前，安倍提出的"女性活跃社会"目标或许长路漫漫。

对于男性而言，长时间被拴在职场，交际圈受限，没有时间培养自己的兴趣爱好，意味着老年的精神孤独和生活孤立。大阪樟荫女子大学教授石藏介绍，长期"过劳"的男性在退休后顿失价值感，与企业的联系基本被切断，却没有能共处的亲朋好友等其他社交、生活圈。很多人的养老金被瓜分大半后，成为家人眼中失去价值的"粗大垃圾"，最后落得离婚单过的悲惨下场。从某种意义上说，这样的生存状态甚至比女性更"杯具"。

虽然也有不少日本中老年人认为，人生就是这个样子，只能接受命运安排。可是现在，越来越多的日本年轻人力顶日野，认为其"准确捕捉到日本人终日浑浑噩噩的感受"。

一位年轻网友称："我们不是想偷懒，是找不到人生中的准确定位。上一辈人年轻时有着忍辱负重、出人头地的强烈愿望，工作本身或许就是他们的全部。当时的国家与社会也需要他们这种价值观。但是，世界已经发生了大变化，对于我们这一代人来说，体验到生活与工作的乐趣才是最重要的。如果还用过去的老标准来要求现在的年轻人，那肯定会出现大问题，整个社会也无法发挥出创造力与活力。日本之所以暮气沉沉，就与此有关。"

"教育立国" 传说破灭前途堪忧

　　一直以来，日本都被视为重视国民教育的国家。甲午战争后，日本将《马关条约》的很多赔款都用于发展基础教育，确立了"教育立国"方针，全体国民素质得到大幅提升，为日本跻身列强打下了坚实基础。毫不夸张地说，重视教育带来的"人才红利"，让二战后一片废墟的日本能够快速重建，而且至少支撑日本发展到20世纪90年代。

　　可是，随着经济持续低迷，日本对教育的后续投入严重不足，正在失去"教育大国"的地位。2015年11月24日，由全球有关市场经济国家组成的经合组织（OECD）公布的一项调查结果显示，日本的"教育立国"，正在成为过去的故事。

　　OECD成员国的教育经费平均占国民生产总值的4.7%，而日本只占3.5%，低了1.2个百分点，连续6年在30个成员国里排名最低，但日本高等学府的学费却是30个成员国平均值的2倍多。有五成的OECD成员国都实行了大学教育无偿化，几乎所有成员国都在为学生提供无需偿还的奖学金，但学费最高的日本却没有。

半数以上的日本年轻人不得不靠有息贷款上大学，平均每人毕业后要背负300万日元的债务，多的高达1 000万日元。据日本文部科学省统计，2003年毕业后没能按月还贷的大学生总数为11万人，到了2011年，更是疯狂增至33万人，截至2012年5月初，已经有12 281名年轻人因没能按月还贷被列入了日本个人信用"黑名单"。想想可真够悲哀，知识不仅没能改变命运，还让走上社会的大学生无法贷款买车买房，甚至都无法办张信用卡。

鸠山由纪夫执政时，日本实施了公立高中学费全免政策，无论家庭收入高低，适龄学生都可以免费在公立高中学习。然而伴随着安倍政权的卷土重来，该政策也自2013年底被宣布终止，令因增税而赤字连年的家庭哀鸿遍野。还有日本媒体指出，这项举措其实就是由政府出头，破坏日本年轻人受宪法保障的享受平等教育的机会。

安倍政权的霸道与小气，还体现在国立大学的运营经费上。最近的12年间，由政府支付给各国立大学的运营经费已经缩水了12%，诺贝尔奖获得者人才辈出的日本研究环境正在遭受人为性的破坏。

即便如此，安倍政权也没打算就此罢手，日本财务省目前审议中的提案还包括在今后15年间，将国立大学学费逐步增长40万日元，以及今后9年间分期分批让37 000名小学和中学教职员工下岗。

　　尽管以上两项提案遭到了日本中央教育审议会、国立大学协会等的集体反对，但向来独断专行的安倍政权又怎会乖乖听劝。问题成堆的日本如果再失去"教育"这根顶梁柱，未来会怎样，真是很难想象。

大学的"廉价早餐"心意不廉价

　　日本虽然是发达国家，可贫困率却不像是"发达国家"该有的。据厚生劳动省统计，截至 2016 年 3 月，日本低保家庭总数达 163.5 万户，创历史新高。此外，日本非正规就业人口占据劳动力市场四成，工作不稳定和工资水平低下。

　　在这种大背景下，2012 年度，日本有 7.9 万大学生中途退学，其中有两成是因为经济原因。有不少曾经的大学生，到了退休的时候还在还学业贷款。因此，贫困大学生如何能够在经济拮据的条件下完成学业，其实一直是日本政府和日本学校在努力的事情。

　　最近，据日本媒体报道，越来越多日本大学开始开设"廉价早餐"的服务，为贫困学生的生活做出补贴。只要 100日元（相当于 6 元人民币）甚至 50 日元就能购买到一份相对丰盛的早餐。早稻田大学学生食堂里的 50 日元早餐包括热蔬菜浓汤、面包、豆腐和苹果。每天排队买廉价早餐的学生都有二三十人。

这种活动最先是在庆应大学开始的。2006 年时，庆应大学为了帮助经常不吃早餐的学生改善饮食习惯，让学生身体更健康，推出了 100 日元的廉价早餐，吸引学生购买。由于这种方法十分管用，所以其他大学也都纷纷效仿。

学生们真的贫困到连早餐钱都要省了吗？是的，的确是这样。根据东京地区私立大学教职员工会调查，就读于东京圈私立大学的外宿生从家里收到的生活费用越来越少，2015 年达到了最低值。而且，立命馆大学对本校大学生所做的调查显示，每天都吃早餐的学生，仅有约六成。其中有不少人是为了省钱。

这种情况，在其他大学也一样存在。虽然 100 日元早餐让学生能节约下来的钱有限，但是，能让他们不因为省钱而忍受饥饿，100 日元的早餐，的确是千里送鹅毛，礼轻情意重。

这种办法不仅能让贫困学生吃上营养均衡的早饭，还能让经常赖床的学生改变习惯，上课不再迟到。近年来学生们一直吐槽 9 点上课太早，起床痛苦的问题也因为廉价早餐有了改善。同样提供 100 日元早餐的东京经济大学里，不少学生都说自己为了早餐早起，也更可以集中精力上课了。

贫困大学生除了要忙学业，还要兼职打工来挣生活费、宿舍费用，展望未来时最先看到的是多年的学贷，沉重的负担和消极的情绪一定会影响学业。这时候，学校首先伸出援手，给他们实际上的支持，这让很多人都有了继续努力的动力。

最可怕、最难战胜的不是物质上的匮乏，而是物质上的匮乏给个人身心健康发展带来的伤害。在日本，100 日元连 1 个站的地铁车票都买不到，却给了这些学生一天温暖的开始。希望越来越多的学校能够采取相似的方法，给贫困中的学生一些支援。

教育问题倒逼日本发展校园心理学

校园暴力、校园虐待、校园欺凌，学生退学、自杀、杀人……教育问题层出不穷，也让日本政府和学校面临着来自社会和舆论的普遍压力。痛定思痛，日本文部科学省提出了"第三教育改革方案"，试图从教育制度上解决频繁出现的种种教育问题。第三教育改革一方面是要强化对学生的爱国心、道德心教育，另一方面则是要关注每一个学生的个体需求，并为实现这种需求提供切实援助。后一方面内容，直接催生了日本学校临床心理士的派遣制度。

1995 年，被称为日本战后最大的教育改革之一——学校临床心理士（心理咨询师）派遣制度开始实施，至今已有二十多年。被派遣的学校从 1995 年初的 154 所发展到如今的数万所全公立中学全派遣，基本实现了公立学校心理咨询师的全覆盖。

日本学校建立起来的心理学模式，虽然是学习借鉴美国学校的经验，但也根据日本学校的实际情况做出了一些创新和突破。它的内涵是：针对学生学习、心理、社会、发展过程中的问题给予积极的援助支持，促使其健康成长。这种心理援助服务，是由教师、学校临床心理士和家长联合进行的，援助服务的对象是所有的学生，而学校临床心理士则是学校心理学模式的具体实施者。

日本学校临床心理士开展的主要工作首先是与教师构建起良好的关系。教师是中小学校关注学生心理世界的主要力量，学校临床心理士的关键是教师。在实践上，通过和教师建立起相互信赖、理解的关系，来强化学校教师对于学校临床心理活动的理解，深入开展个案研究，以及对教师开展心理援助。

其次是重点对学生开展心理疏导。针对一些存在心理问题的学生，比如自闭或者是暴力倾向的学生，开展一对一的心理咨询和辅导。尤其是对一些因为厌学或者校园欺凌而导致有校园恐惧症的学生，学校临床心理士努力把学校营造成一种"心的家园"，增强学生的归属感和依赖感。

最后是对学生和家长的心理访谈。心理访谈的主要内容是与家长一起关注学生的成长，特别是针对学生近期存在的一些心理问题，在相互沟通中找到解决之道。

也就是说，日本学校的临床心理士虽然是以解决学生的心理问题而设立，但是其开展工作并不仅仅是围绕学生，而是通过对教师、学生、家长三方的兼顾，努力化解可能造成学生心理问题的种种障碍，同时也通过与教师、学生、家长建立起良好的沟通关系，努力为学生的成长营造一种和谐融洽的氛围。

日本的学校临床心理士派遣制度有两个方面值得我们学习和借鉴：

一是由专业的心理学人才开展心理咨询活动。与中国大多数学校由教师兼职心理辅导员不同，日本的学校临床心理士派遣制度直接将接受过专业训练的人员派遣驻校，与学校没有隶属关系。这样既利于自身开展工作，同时也不会增加教师的工作量，而且还大大提高了心理咨询的专业化程度，心理辅导的效果更能显而易见。

二是临床心理士不仅仅关注学生个体的心理变化，同时也更加关注那些可能影响学生心理的环境，比如学校氛围、教师的态度、家庭的影响等等。因此，他们能够从一个系统的角度来看待和解决学生的心理问题，而不仅是简单的头痛医头，脚痛医脚。

日本学校临床心理士派遣制度实施二十余年，对日本中小学学生的心理成长贡献颇丰。不过，这一制度并没有完全解决日本学校存在的诸多教育问题。究其原因，还是受日本当前存在的种种社会问题的影响。日本的社会问题不解决，日本的教育问题依然存在，日本学校临床心理士即使作用再大，恐怕也是无能为力。

那些年，日本文部科学省搞的教学改革

在近现代，日本开展的教育改革共有三次，每一次改革都给日本社会、政治带来了深远影响。第一次是明治维新初期的教育改革，堪称日本教育的现代启蒙；第二次是第二次世界大战结束后的教育改革，为日本经济腾飞奠定了基础；第三次则是 20 世纪中后叶开始实施的面向 21 世纪的教育改革，这一改革直接关系到日本今后的国运兴衰。因此，也被日本社会普遍寄予厚望。今天，就扒一扒日本第三次教育改革的那些事儿。

二战后，日本奉行的是拿来主义的战略，采取了消化、吸收、改进的技术特色，并成为世界经济强国。但是，这种经济发展模式远远不能适应时代发展的需要。反之，美国则依靠雄厚的创新能力，在信息、生物、材料等高新技术产业方面率先建立了知识经济的战略平台，从而提升了美国经济的战略层次。这些差距促使日本政府选择了科技立国战略，并开始了日本第三次教育改革。

1971年，日本中央教育审议会提出了《关于今后学校教育综合扩充、整顿的基本对策》，又推出了提高教师工资待遇政策；1980年推出了教师培训制度；1984年成立了临时教育审议会，专门讨论教育问题；1998年再次修订了中小学《学习指导纲要》，这一纲要的颁布，标志着日本新一轮基础教育课程改革的开始。

首先是基础教育改革。日本于2001年正式制定并实施了《21世纪教育新生行动计划》，对基础教育改革做出了明确规定：在学制政策方面，建立新型高中，推进初中和高中一贯制；在课程设置方面，开始重视道德教育课程，并将"不断律己、与他人协调、同情他人之心、感动之心等丰富的人性"列为日本基础教育的道德教育方针。

其次是教师制度改革。日本的《教师资格证书法》经过1988年和1998年两次修订后，大幅度提高了教师的准入门槛，2002年的日本《教师法》再次修订，撤销了教师资格证的有效期限，教师从业资格证书实现了长期化；日本还针对新任教师创设了"初任者研修制度"，1992年面向所有学校实施，重点培养试用期新任教师的"使命感和实践指导能力"。此外，还实行教师"定期流动制"，这一制度对于促进教育师资均衡化、提高教育质量，更重要的是实现日本基础教育的公平性，发挥了积极作用。

　　总结日本第三次教育改革，主要内容是：建立终身教育体系；采用国际视野把握和发展教育；强调教育的本质就是促进人的个性全面发展；提高教育的现代化、信息化程度。同时，更加重视选择和多样性。日本政府通过地方教育行政权限分权的改革，鼓励地方创办具有特色的学校，提供多样化的教育选择和服务。同时高等教育则通过创新性的研究，培养具有创新能力的优秀人才。

　　百年大计，教育为本。教育是立国之本，教育也是民族兴旺的标志，一个国家有没有发展潜力看的是教育，这个国家富不富强看的也是教育。为了在21世纪的世界竞争中立于不败之地，日本放眼未来，实施了第三次教育改革。至于改革是成功还是失败，我们不妨拭目以待。

日本学校也有五讲四美三热爱

　　提到"五讲四美三热爱"，这是一个暴露年龄的话题。至少在中国，对于80、90、00后来说，这是一个极为陌生的语境。可是，如果换成60、70后，他们则会微笑着回应道："是的，没错，我们小的时候学校就经常讲这个！"代沟不代沟，一句话就可以见分晓。

　　说到"五讲四美三热爱"，在这里需要普及一下：五讲是指讲文明、讲礼貌、讲卫生、讲秩序、讲道德；四美是指心灵美、语言美、行为美、环境美；三热爱则是热爱祖国、热爱社会主义、热爱中国共产党。它可以说是20世纪80年代中国校园里最为经典的口号。

　　虽然说，现在中国学校里"五讲四美三热爱"不怎么提了，但是回过头来看，这里面的内容其实还是挺不错的，如果中国的学生们都能够做到"五讲四美三热爱"，相信也就不会有那么多问题学生，也不会有那么多校园欺凌、辍学、网瘾等校园问题了。其实，不管是什么体制的国家，也不分国内国外，有些人类都认同的品质，其实都是相通的。比如说勤奋、勤劳，比如说诚信、诚实，相信世界上还没有一个国家的国民会以此为耻，反而以懒惰、虚伪为荣的。

所以，如果说日本学校也有"五讲四美三热爱"，我们大可不必为此大惊小怪。因为，对于学生在文明礼貌、卫生秩序等方面的要求，可以说是人类对于教育原则的根本性要求。虽然可能在"五讲四美三热爱"的内容上会略有差异，但总体要求都是一致的，都是希望把孩子培养成热爱学习、热爱劳动、热爱生活，对自己对社会都懂得负责的人。

比如说在讲文明礼貌方面，日本学校从幼儿园开始，就注重对孩子们开展礼仪方面的教育。最突出的一点就是，会反复灌输给孩子们："微笑的你最美丽。"因此，不管什么时候，都要保持微笑。一开始，这样的训练可能会略显刻意，但如果当微笑成为一种习惯，它也会潜移默化地感染和影响到孩子的心情，继而让他们的心态更加阳光、更加乐观。除了微笑之外，日本学校强调最多的还有一句"感谢"，感谢老师，感谢家长，感谢园丁。这样培养出来的懂礼貌的孩子，谁不喜欢呢？

再比如在讲卫生、爱劳动方面。这一点，中日两国的学校极其相似，都会要求学生们做一些力所能及的义务劳动，有时是在校园里，有时则是在校外。不过，要说相同也有不同之处，最大的区别就是中国的孩子们在学校爱劳动，回到家里则成了大爷，恨不得爷爷奶奶爸爸妈妈都过来伺候着；而在日本，似乎已经形成了一种共识，该是孩子自己做的，其他人绝不插手。因此，你可以看到，即使是日本的幼儿园，父母们虽然也会接送孩子，但是书包则统一是要孩子们自己来背的；两三岁的孩子穿衣换衣，父母们也不会帮忙；甚至在幼儿园大便，孩子们都要自己擦屁屁。也就是这种通过对劳动意识的传导，培养起孩子的自立意识，这样的孩子，自然成长得快，也成熟得快。不像很多中国的孩子，像温室里的花朵，永远长不大。甚至是，家里一副表现，学校一副表现，表里不一。

除此之外，日本学校还会刻意锻炼孩子从小能吃苦，寒冬腊月里只穿一条短裤进行耐寒锻炼；日本学校同样把热爱祖国、热爱家庭、热爱生活融合到日常的教育当中，其实质与我们的三热爱也都是相通的。因为只有懂得热爱，才会懂得更好地去学习，去生活。

所以说，中日两国的教育虽然有差别，但是在对一些基本道德品质的教育培养方面，都是相似的。当然，相似虽然相似，最终教育的效果却是不尽相同。这其中，只能说是教育的过程和方法的问题，而不是教育本源的问题。

日本启发式教学让学生上课带脑子

  日本长野县某中学，学生们正在上历史课，今天学的是日本近代史，是关于日本战败后签订的两项条约内容。一个是《旧金山和约》，一个是《日美安全保障条约》。

  与国内老师在台上讲课，学生在下面专心听讲、记笔记不一样的是：日本的老师是将条约的内容向学生作了解释，然后让学生们分组讨论，讨论该条约的签订是好还是不好。好的话，好在何处；不好的话，又是为什么。

  学生们经过讨论以后给出了这样的答案——《旧金山和约》好的方面在于：避免了战败后的赔偿问题，日本就此重归了国际社会；不好的方面在于：留下了至今未解决的北方领土问题。没有中国和朝鲜这样的战争被害国参加的条约签订，是不合理的。关于《日美安全保障条约》，好的方面在于没有战斗力的日本有了美国的保护，不与美国为敌；不好的方面在于致使美国的军队至今残留日本，留下了冲绳美军基地问题。

这种教学方式在国人看来，既新鲜又大胆。新鲜在于以前国内还很少有这样的教学方法，大胆则在于关于历史教育，在中国都是已经定性了的，让学生去讨论历史问题的好与不好，似乎有悖政治正确的原则。

其实，这也形象地体现出中日两国教育的差异。中国学生勤奋、刻苦，学习成绩好，这是举世公认的事实。每年的奥赛、华裔后代在异国他乡的就学成绩等，都很好地证明了这一点。不过，在肯定中国孩子学习成绩好的同时，认为他们头脑不太灵光、不会思考，则是另一个不得不正视的事实。

简单一点说就是中国学生爱背死书，往深一点说，中国式的教学方法也存在问题，它主要是一种灌输式、填鸭式的教育，老师恨不得把自己拥有的知识一夜间全塞进孩子们的脑袋里，即使已经塞满了也要再挤一挤，摁一摁；而学生呢，则是老师讲什么我就接受什么，从来不会去想：老师讲的都正确吗？是事实吗？这件事情的另一面又是什么？

而在日本，目前采取的大多都是启发式教学。也就是老师给你布置一个题目，提出一个思路，接下来的答案，则要交给同学们自己去完成。比如上语文课，老师会让同学们轮流读课文，然后把课文的主题和中心思想等让同学们轮流发表，老师一条条写出来后，做总结。最后让同学们写在作业本上，交给老师。这堂课就这样结束了。

没有哪一种教学方法是完美无缺的，灌输式教育看似弊端很多，但同时也成就了学生在视野、知识面上的开拓。如果世界举办一场知识竞赛，我相信没有一个国家的学生会比得上中国；启发式教学看着很美，但同时也存在效率低下的问题。很多人都说日本的孩子读书太轻松了，上课没有压力，课后作业又少，这样必然也会造成学生成绩的不如意。

但有一个事实必须承认：启发式教学最大的优点是教会孩子们学会用自己的大脑去思考，而不是人云亦云。中国很多学生看似很聪明，看似很成熟，但如果你仔细观察会发现，他们所说所做的，很大程度上是在模仿，模仿家长，模仿明星，却没有自己的个性和主张；而启发式教学，引导学生去思考、去质疑、去追问，这样训练的结果，必然是对历史问题、对生活知识形成一个自己的判断和理解，然后用自己的理解去发声。这样的表达可能依然幼稚、不成熟，但没有关系，至少他们是在用自己的脑子发声，而不是嘴巴。

日本的发明和科研成果始终在世界位居前列，每年诺贝尔奖的获得者中，也经常会看到日本人的名字，取得这样的成就，与日本学校开展的启发式教学不无关联。当然，换一种思路去想，现今很多日本人依然持有一种奇怪、自相矛盾的二战历史观，甚至粉饰那段历史，不知道这是不是也与日本的启发式教学有关联呢？

理想与发展

日本学生赴海外留学为何首选中国

2015 年，美国驻日本大使肯尼迪亲自出席的一项活动，引起了各界的高度关注。她为在东京举行的"2015 赴美留学展览会"站台助阵，大力宣传日本学生赴美留学的好处，并向日本学生和家长做起了"推销员"。

此种情景，放在以前简直不可想象。二战后，美国作为发达国家的"带头大哥"，对于有留学愿望的日本学生来说，一直是梦想之地，无需大张旗鼓地宣传，他们也趋之如鹜。然而，时过境迁，曾经人气爆棚的赴美留学热，在日本已经快速降温。

日本文部科学省公布的最新数据显示，日本学生赴美留学人数比重从 2004 年的"半壁江山"持续减少，2011 年已经降为 35%。2012 年度赴海外留学的日本学生为 60 138 人，其中将中国作为留学目的地的人数最多，达到 21 000 人，超过总数的三分之一。这是自 1983 年开始调查以来，日本赴华留学生人数首次超过赴美人数。

在中日关系并不火热的背景下，日本学生的留学选择，让很多人直呼"看不懂"。其实，留学目的地的转换，是日本年轻人选择多样化的时代体现，而且背后还有很多推动因素，没有什么好奇怪的。

自 20 世纪 90 年代房地产泡沫破灭以来，日本经济持续低迷，民众收入也随之减少。作为主要经济后盾的日本父母们不堪重负，让有志出国深造的年轻人更加现实。目前，赴美私立大学留学的年均学费高达 235 万日元，州立大学也需 171 万日元，约为日本国内同类大学的两倍。加之日元大幅贬值，日本年轻人远赴欧美的成本也水涨船高。相比之下，中国教育收费相对合理，针对留学生的教育质量不低，生活成本也颇具吸引力，自然让日本学生"另眼相看"。

而且比起日美教育交流，中日教育合作已经形成了更为成熟的合作模式和渠道。中日不仅有 200 多对友好城市，两国的"姊妹校"、"兄弟校"等校际合作也非常活跃。这对于远赴海外的日本学生来说，无疑更为便利，不但节省精力，还能获得更多安心感。

此外，留学的最终目的还是学以致用。作为世界经济引擎，中国的发展潜力巨大。无论是开展国际交流，还是寻找就业机会，中国都具有广阔前景。加之中日经贸合作仍然具有很大的提升空间，这样的利好形势下，对于日本学生而言，再远赴美国留学难免就有点"舍近求远"了。

当然，中国积极重视软文化的海外宣传和推介，也让日本年轻人更加广泛地接触到中国文化和中国社会，提高了其赴华留学热情。

此前有媒体称，因为历史与领土等问题，日本年轻人对中国没有好感的比率非常高。但是，日本年轻人用自己的留学行动表明，事实或许并非如此。他们对中国感兴趣，想亲身了解的愿望很强烈，并开始通过自己的眼和脚对比舆论与事实，做出了选择。毕竟，很少有人会把青春与金钱，消耗在一个自己厌恶的国家身上。

高中生挤破头也要报考医学部

日前，全球最大的人才服务集团 Adecco 的日本法人，联合中国（包括香港、台湾地区）、韩国、新加坡、马来西亚、泰国、越南等国家和地区的人才服务公司，共同面向 7 岁到 14 岁的儿童进行了理想职业调查。在这些国家和地区里，医生这个职业，毫无例外地入选了孩子们理想职业前五位。

Adecco 宣传部负责人后藤刚分析称："在亚洲，医生是能够帮助他人的，也是孩子们平时可以接触到的，所以孩子们对这个职业充满向往。"

是不是出于帮助他人的热情，我们不得而知。但是近年来，在日本，为了能实现医生梦而报考医学部的学生的确是在迅猛增多。

1999 年，日本报考大学医学部的学生人数为 77 940 人，到了 2013 年就增至 130 172 人。而 2013 年度，日本全国所有大学的医学部招生名额共为 9 041 人。真是千军万马过独木桥啊。

一位家住九州的主妇说："为了能考进医学部，做高四生、高五生都是很平常的事情。我儿子的同学里，还有高六、高七的学生呢。"这位主妇的大儿子是东京都内某私立大学的医学部学生，二儿子是九州国立大学的医学部学生，而她的侄子，为了能进医学部，目前就正在做高四生。

为什么日本高三生会对进医学部如此执着呢？在2013年春天，送出1905名学生考入日本国立、公立大学医学部的骏台补习学校信息中心负责人石原贤一分析认为："近年来，由于日本经济不景气，所以大家在报考时，大多选择有利于就业的理科。而在理科里未来收入最高的，就是医学部了。"

事实上，近年来，日本各大学医学部的门户，与之前相比是有所扩大的。从1997年开始，绝大部分医学部就设定了"地域限定名额"，顺天堂大学和昭和大学等私立大学医学部还降低了学费。1999年，全国医学部的招生名额为7 630人，2013年首次突破了9 000人，2014年达到了9 061人。当然，这个扩大速度依旧比不上报考者人数的膨胀速度。

医学部的大热，也给高中和补习学校带来了影响。比如每年都有不少学生考上国立、公立、私立大学医学部的东海高中，一届11个班级里有9个都是理科班。而其他高中也是一样，从前分数够报考东京大学和京都大学工学部、理学部、农学部的学生，在2013年几乎都集中报考了医学部。日本媒体有意见认为，这很可能会造成日后各领域人才分配不均。

在日本共计 50 多个医学部专门补习学校里，几乎都为要报考私立大学医学部的学生开设了专课和讲座。据代代木个别指导教室负责人小林淳一透露，日本国立、公立大学医学部平均 6 年读下来的学费是 350 万日元，好的补习学校一年的学费是 70 万日元到 100 万日元之间，而私立大学医学部平均 6 年读下来的学费是 500 万日元，专门为报考私立大学医学部的学生开设的补课课程，一年学费就高达 500 万日元。

如此昂贵的补课费，是什么样的家庭才能支付得起呢？小林淳一说："为考上私立大学医学部而接受个别指导的学生，其家长一般都是医院医生或经营私人牙科诊所的。很多家长也都是希望孩子能够继承家业。"

临床医生的工作，和人命直接相关，这些医生预备军们，不仅要分数够，还要在入学后的精神和肉体上能够应对临床基本技能操作，在工作后能够和患者很好地交流。因此，心理准备也必不可少。

家住埼玉县的一位主妇就告诉记者，她"很早就希望女儿将来能做一位医生，在日本，医生这份职业有里子有面子，钱多还受尊敬。为此，从女儿上小学开始，她就经常组织全家一起看和医疗相关的纪录片、电视剧，让女儿自然而然地对医学感兴趣，最后，是女儿自己说出要报考医学部的。"现在，她的女儿是一位私立医院的内科医生。

世界大学排名在日本另有一番风景

  日本是一个"学历社会"，人与人交往的时候乃至企业雇用的时候，都比较重视学历以及出身的大学。日本政坛曾有这样一个笑谈：前首相宫泽喜一毕业于东京大学，最喜欢问别人毕业于哪一所大学。日本另一位前首相竹下登毕业于早稻田大学，就很被他看不起，他甚至曾经带着揶揄的口吻问："你进早稻田大学的时候考试了吗？"

  在这样一个"学历社会"里面，人们自然就重视对大学的选择。因为考进一所名牌大学，就意味着人生的一半已经决定了。我曾经与日本早稻田大学的一位学生交谈，聊到现在的大学生不够用功，是否会影响将来找工作的问题时，他的回答是："早大学生毕业以后没有一个人找不到工作的！至于说这个工作是不是最满意的，那就另当别论了。"

  日本横滨市立大学前校长加藤祐三先生毕业于东京大学，也曾经是我留学时代的指导教授。最近，我们聊起了有关媒体公布的世界大学排名问题。他的看法是尽管现在世界上对大学有各种各样的排名方法，但日本人实际上是并不看重的。日本人心目中对大学的排名，实际上还沿袭着许多战前的传统。比如，日本有所谓的"帝国系"大学的说法。"二战"前，日本在国内建立了8所帝国大学，还在中国台湾地区和韩国也建立了两所"帝国大学"，当时叫东京帝国大学、京都帝国大学、九州帝国大学……"台湾帝国大学"、"汉城帝国大学"等等。"二战"后，日本宣布投降，中国台湾和韩国的"帝国大学"自然没有了，国内的"帝国系"大学都改成了"国立大学"，比如东京帝国大学改名为东京大学，京都帝国大学改名京都大学，九州帝国大学改名为九州大学。这些"一流学校"在日本人心目中的地位，是任何评比都改变不了的。此外，对私立大学，日本人心目中最为认可的就是所谓的私立"双雄"，一个是早稻田大学，一个是庆应大学。其他私立学校的排名，人们并不真正地关心。他还说，至于日本大学在国际上的地位，日本人也不是非常关心的，只是当作"花边新闻"来看，因为不管排名如何变化，能够入选的也就是东大、京大、早大、庆应这些学校。

　　加藤先生认为其他国家之所以比较关心大学的世界排名问题，一个原因是把它当作了留学的参照，一个是据此争取国家教育部门的资金援助。他拿出了一份日本青少年研究所在今年3月就留学意愿问题做的调查，里面显示目前考虑去海外留学的日本初中生、高中生比例为37%和41%,低于美国、中国、韩国的水平。有意出国留学比例最高的是中国的初中生和韩国的高中生,比例分别为84%和64%。他微笑着说,"也许日本人比较满足于国内的教育质量和生活状况,也就不很关心世界上的大学排名问题了吧。"至于国家教育部门的资金支持问题,加藤先生说那都是日本文部科学省早已定好了的。比如,东京大学的博士论文经过学校推荐出版的时候,大都能够获得日本文部科学省的经费补助,其他二流、三流学校就很难拿到了。但是,那些县立、市立大学又可以从当地政府那里获得资金援助。

日本九州大学退休教授川胜守也是毕业于东京大学的。他多年的看法是大学排名的问题意义不大。他说,日本大学比较重视的是"特色"。比如,日本东京大学和京都大学都是研究中国历史即"中国学"的"重镇",但是他们分别形成的"东大派"和"京大派"就是各显特色,前者相对重视理论,后者相对重视考证。因此,所谓的世界大学排名对他们并没有什么影响。

我还注意到,日本一些周刊杂志经常刊登一些对大学的介绍,有的还专门开辟出"竞争对手学校"的栏目,陆续介绍一些二流、三流大学之间相互竞争的故事。据了解,这都是一些大学背后支付"宣传费"的结果,其目的是为了吸引更多的生源,让那些没有考入一流大学的学生有更多的选择。

　　我从庆应大学了解到这样的故事。庆应大学毕业的学生集中在日本的经企界，他们对庆应毕业的学生也就格外地"照顾"。比如，世界 500 强之一的三井物产商社，里面有许多庆应大学毕业的学生。每年进入学生就业活动时期，三井物产商社就会指定几十个员工将自己的联系电话、工作部门等转告给庆应大学的学生科公布出来，让作为"后辈"的学生们自由地咨询。如果有学生愿意到商社来看看或者面谈一下，这些员工就要出面接待，中午还要请吃一顿价格在 1 000 日元的便餐。出面招待的员工要支付自己的午餐费，而学生的午餐费则由三井物产商社报销。因为还不知道这位学生是否要来商社就职，三井物产实际上把这笔费用当作了一种"宣传费"。但三井物产员工的"庆应圈"也就因此不断地扩大。

　　从这里可以看出，日本大学不仅仅重视学术研究、教学质量，更注重学生的就业问题。因为一所大学真正质量的高低，最后还是要通过就业率来体现的。中国发生过"北京大学毕业生找不到工作"、"北京大学毕业生月薪 800 元就愿意就业"的新闻，在日本名牌大学里面是从来没有发生过的。

经济萧条下日本大学生的意识变化

从 20 世纪 90 年代开始，日本文部科学省开始放宽了新设大学的认可基准。此后，日本全国雨后春笋般兴起了"建校热"。在文部科学省公布的"2006 年度学校基本调查"中可以发现，从 1996 年到 2006 年的 10 年间，日本新增设公私立大学高达 168 所，平均每年就有 16 所新大学母鸡下蛋一样地出现。

另有调查数据表明，在最近的 20 年间，日本大学的升学率由 1991 年的 25.5% 上升到了 2011 年的 51%。现在的日本真是一个全民大学生的时代，一个砖头能砸到两个半。更值得注意的是，日本经济长期萧条，大学却遍地开花。在这样一个异样发展的社会里，日本大学生的校园生活和就业意识也出现了异常变化。

首先，大学生变得不爱社交，重视学习。自 1963 年以来，日本全国大学生活协同组合联合会每年都会对加盟该联合会的大学实施"大学生生活实态调查"，以此了解大学生的真实生活。

分析最近10年的调查结果，就会发现：在1991年的调查里，将"丰富良好的人际关系"选作校园生活重点的大学生占总体的26%，到了2011年却减少至13.4%；而将"学习第一"选作重点的大学生却由1991年的19.9%增长到2011年的27.1%，成为首位。显然，这些大学生们也都意识到，如今拿着学士学位找工作不顶用，想顺利就业还得靠真才实学。但是，现代社会流行一句话，"人际关系才是第一生产力"，一味重视学习忽略人际，只会导致自己进入社会后在工作中碰壁，无法胜任需要与人交流的岗位。

事实也证实了这一点。2012年10月31日，日本厚生劳动省公布大学生就业相关调查结果。该结果显示，在2009年3月新就业的429 019名大学生当中，有123 582人干不到3年便辞去了工作。辞职率排在前两位的都是需要与他人面对面交流的职种——教育培训业和住宿餐饮业。分别有48.8%和48.5%的日本大学生在从事教育培训业和住宿餐饮业不到3年就做不下去自动辞职。

其次，大学生变得手头拮据、负债上学。通过"大学生生活实态调查"还可以发现，在过去10年间，日本大学生一个月的零花钱由1991年的90 450日元降低到2011年的69 780日元。大学生租房后半年间购置家电、家具等耐久性用品的支出也由 1991 年的 60 600 日元减少到 2011 年的 17 000 日元。

光是零花钱减少还不算，更有越来越多的日本大学生需要依靠助学金才能顺利毕业。2011 年，由日本学生支援机构提供的助学金的领取率比 2005 年增长了 7.4 个百分点。2010 年，日本大学生的助学金领取率是 50.7%，比 1990 年的 21.8% 增长了两倍多。

东京大学综合教育研究中心教授小林雅之分析称："由于升学率的增长和家庭收入的普遍下降，大学学费也由父母支付变成了父母和学生本人共同负担，所以现在就连大学生中间也出现了经济落差。"也就是说，有许多日本大学生是在读大学的同时就欠下了一屁股的债，而按照助学金领取合同规定，他们从毕业的第一年开始就得按月定额返还。

最后，就是大学生变得在就业问题上放弃高标准，开始求安稳。近年来，很多所谓日本一流大学的大学生们都不约而同地将就业目标定为地方公务员，就比如东京大学。

在日本，东大又有"内阁官员定点培养单位"的别称。因为历年来的东大毕业生大部分选择进军国政，做高级官僚。但是据近日日本放送协会电视台的调查，预计在 2013 年 3 月毕业的东大学生里，选择在地方小政府做公务员的竟突破了 100 人。这在东大可真是前所未有的现象。NHK 将这种现象叫做"安定志向"。

如今，一打开日本的新闻节目，政坛乱成一团、连续多年景气下降、知名企业大裁员等等，无非都是这些报道。而且这些报道中还都含有同一个因素，那就是"动荡"。像神奈川大学这样学生数多达 18 000 人的地方大学，学生就业率就只有 69%，每 3 名大学生里就有 1 名找不到工作。所以，为了顺应这个不能失败的时代，哪怕是东大生都开始求稳不求高，主动请愿被"下放"到地方小政府。

在这个经济江河日下，大学生一抓一大把的国家，一边是社会劳动力不足，一边是工作岗位不够，日本大学生们要跳出这个怪圈，还不知道得过多久。

皇家教育"观"

昭和天皇从小喜欢"战争游戏"

从 1989 年昭和天皇去世的第二年开始，日本皇宫的宫内厅书陵部就开始编撰《昭和天皇实录》，历经 24 年零 5 个月，终于于 2014 年 9 月 9 日在宫内厅正式公开，并计划从 2015 年开始，用 5 年时间将其分册出版。

据宫内厅介绍，在共 61 卷的《昭和天皇实录》的编撰工作中，使用的资料多达 3 152 份，其中包括了《侍从日志》等内部非公开文件以及新发现的《百武三郎日记》等 40 份新资料。

这部《昭和天皇实录》虽然未能推翻此前的一般学说，在天皇的战争责任问题上依旧避重就轻，但一些新资料里有不少是关于昭和天皇少年时期的。从这里，人们或许可以看出一代天皇的"原点"和成长轨迹。

母乳喂养

一直以来，平民皇后美智子都被认为是日本皇室里第一个坚持母乳喂养的。但《昭和天皇实录》里透露，其实1901年4月29日出生的昭和天皇裕仁，才是日本皇室母乳喂养的首例。静冈福祉大学教授、日本历史学家小田部雄次表示："日本近代的皇室母子新模式，应该是从这个时候开始的。"

找猫报仇

根据1907年2月22日的记录，裕仁听说宫内的鸽子被猫掠去吃了，就决定和弟弟雍仁一起给鸽子复仇，两个孩子满皇宫到处找猫。也就是从这个时候，裕仁成了宫内的"破坏王"，皇后给他一个用萝卜做成的大象，他居然把大象的鼻子折断后，肢解了四肢，被侍女发现后告到皇后那里，接受了好一通教育："虐待动物是十分丑陋的行为，就是作为玩具的动物也不能任意破坏。"

最爱是老虎

裕仁第一次去动物园，是在4岁的时候，此后又去了"帝室博物馆附属动物园"看了鹈鹕、鳄鱼、北极熊，在"浅草花屋敷"看了猴子、熊、猩猩等。1910年7月17日，裕仁给动物排名。占据第一位的是百兽之王——老虎，其次是豹、鳄鱼、兔子和狗。当侍从问他，为什么不把狮子排在前面时，他的回答是："狮子逞威风，所以不大喜欢。"

日本历史学家小田部雄次说："昭和天皇小时候对动物的喜欢，促使他成人后开始研究生物学，这种兴趣爱好在明仁天皇和秋筱宫殿下身上也可以看到。"纪实文学作家保阪正康认为："昭和天皇作为生物学者也是一流的。"

战 争 游 戏

根据1910年10月25日的记录，裕仁在当天下午玩起了战争游戏，扮演军舰"桥立"号上的一等水兵，让弟弟雍仁扮演二等水兵，还给身边侍从也安排了角色，松平御用挂是舰长，侍女们是乘客，同学们则是三等到六等水兵。这天，也是裕仁第一次使用地球仪，他给"桥立"号制定的航线是从东京湾出发，途径马尼拉、新加坡，回到横须贺。在航行中时而钓鱼，时而捕鲸，还遭遇过一场大风暴，很是富有故事性。

纪实文学作家保阪正康称："当时流行战争游戏，而天皇身边还有乃木希典、东乡平八郎等日清（中国称甲午战争，作者注）、日俄战争时的英雄，可能是受了他们的影响。"

自己编寓言

裕仁喜欢伊索寓言，每天都要让侍从给自己读2到3篇。1912年3月16日，裕仁居然学着伊索寓言的风格开始自我创作了，并将其命名为《裕仁新伊索》。

《裕仁新伊索》的第一篇故事叫《海鱼的不公平》，讲的是有一天海里的鱼类大集合，绿鳍鱼和鲷鱼都很羡慕其他鱼的才能，不断地抱怨自己是如何地不得志，盲鳗听不下去，就出来劝告他们，不要在比自己还不幸的人面前述说自己的不幸。

《昭和天皇实录》还记述了一件颇耐人寻味的事情：作为日本的神在人间的化身的大正天皇，在裕仁6岁那年的圣诞节，吩咐侍从在袜子里放进玩具摆到裕仁的床头上，冒充是圣诞老人送的。这样看，皇室也和一般百姓家一样，逗孩子玩啊！

皇孙女在学校运动上玩"孤立"

　　孩子们的运动会，也是家长们长枪短炮大秀摄影技巧的地方。做家长的哪个不希望用影像记录下孩子的成长历程？哪个不想用快门定格下孩子的活力四射？如果有学校禁止家长们在运动会上拍照，或是给拍照设限，就难怪家长们会怨气冲天了。

　　2014年9月27日，是日本学习院女子初中部和高中部的联合运动会。但在9月12日那天，初中部和高中部的学生家长们都收到了一份特殊通知，内容是要求家长们在运动会当天，如果想给自己的孩子拍照，要事先提出申请，还要佩戴姓名卡，同时禁止拍到其他学生。

　　家长们自然是不高兴了。"拍摄正在运动场上活动的孩子，镜头里怎么可能一点都拍不到别人？""难道要在拍照前先跑去问问比赛中的小同学，我可能会不小心拍到你，你介意吗？""这个通知根本就是禁止我们在运动会那天拍照嘛！"

　　学习院下达这份通知的目的，不用问也知道，自然是对正在读初一的日本明仁天皇的孙女爱子公主的特殊照顾。不仅如此，此次的运动会还不允许媒体采访，对外一律"非公开"。

　　对于学习院的做法，皇室记者松崎敏弥认为："像今年这样的事情，真是前所未闻。明仁天皇的三个孩子——德仁、文仁、清子在就读学习院时，从来就没有过特殊待遇，更不要说因为一个人就不允许家长自由拍照了。每年在运动会上的活跃身影，也都是由媒体报道出来的。学习院真需要重新考虑对应方式了，越对爱子特殊对待，就越容易造成她和其他同学间的隔阂和嫌隙，所以她才会被孤立。"

　　近年来，作为一个专为皇族、华族子弟而设的、有着137年历史的教育机构，学习院的"金身"正在逐渐剥落，众多年轻皇族都以转学、退学的方式离开了这里。爱子公主已经成为学习院享受殊荣的最后一块堡垒，一块说什么都要坚守的堡垒。但正因为这样，学习院有时候显然会"用力过猛"，比如禁止家长拍照等，而有时候又会太过"轻描淡写"，比如在爱子公主的迟到问题上。

　　运动会开始的前一天，也就是9月26日，爱子公主是在一天的课程都快结束了的下午2点才赶去学校，在此前的9月24日，也是中午12点40分才进的校门。本来，学习院女子初中部对迟到行为是出了名的严厉，上课铃响后不立即进教室的，都会被叫家长。但爱子公主无论迟到多长时间，就算下午 2 点才来上课，学习院里也不会有人指导她，明仁天皇的大儿媳妇雅子妃更不会把巴掌落到女儿的屁股上。对于一个孩子来说，这样真的好吗？

针对学习院的做法，也有表示理解的。日本立教大学教授、精神科医生香山理香分析认为，"雅子妃因为适应性障碍正在疗养中，所以学习院可能是为了怕爱子公主在运动会上的照片被公开，影响到她的病情吧。"

官内厅人士也透露，"学习院这样做，恐怕是想极力保障雅子妃能够平稳过渡到 10 月吧，因为 10 月有很多大任务在等着她。10 月 8 日是高圆宫家宪仁亲王的二女儿典子的大婚，10 月 20 日是美智子皇后 80 大寿，此后还有荷兰国王夫妇的访日活动。雅子妃 2006 年夏天去荷兰静养时，受到过荷兰王室的特殊关照，这次恐怕会亲自招待吧。"

在这样褒贬不一的情况下，学习院初中部和高中部也终于迎来了运动会。当天，众学生家长们就发现，皇太子夫妇被安排坐进了有遮阳帐篷的"本部席"，围绕在他们身边的是爱子的班主任和学习院院长波多野敬雄、学习院理事东园基政等。皇太子手上拿着一台数码相机，脖子上还挂着一台单反相机，对着运动场拍得不亦乐乎。这一切，也再次惹起了家长们的反感。

在爱子读小学时，皇太子夫妇还比较讲究"与民同乐"，提出要跟其他家长们坐在一起观战，所以每年运动会前，东官的工作人员就会一大清早地来排队占位，成了学习院小学里的一道独特风景。但是爱子升入中学后，皇太子夫妇却在运动会上坐进了校方领导的遮阳帐篷。究竟是这一家子皇亲在被周围孤立？还是现在日本的皇亲要孤立周围？

佳子公主缘何突然宣布要退学

2014 年 9 月 11 日，是日本明仁天皇的二儿媳纪子妃的 48 岁生日。这天下午，明仁天皇夫妇、小姑子黑田清子夫妇都齐聚秋筱宫邸，庆祝纪子的生日。而就在这一天，纪子的二女儿佳子，给大家送上了一个爆炸性礼物——要从学习院大学退学。

佳子从读小学时就学习花样滑冰，高中又学习了现代舞，还尝试过卷发造型等，是如今日本青年皇族里最为摩登的女性，在日本年轻人当中也颇受关注。佳子的退学决定，给有137 年历史的学习院带来了很大冲击，也加剧了学习院与日本皇室的嫌隙。

学习院原本就是为皇族、华族子弟专设的教育机构，在二战结束后，皇族出身的人从小学到大学都在学习院读书，已经成为日本皇室的惯例。然而，近年来，日本皇室和学习院"离缘"的倾向越来越明显。打头阵的是高圆宫家的长女承子，为到英国留学而从学习院女子大学退学，留学归来后在2008年选择进入早稻田大学学习，三女绚子也在高中毕业后，于2009年进入了城西国际大学学习。而二皇子秋筱宫一家的决断，更是加速了日本皇室与学习院的"离缘"。

2010年，秋筱宫家长女真子从学习院女子高中毕业后，进入了国际基督教大学，同年，长男悠仁，也就是日本皇室的第三继承人也进入了御茶水女子大学附属幼儿园，2013年进入附属小学。没想到，被学习院大学视为最后的要塞的佳子，也在9月宣布退学了。

对于学习院来说，这可真是很"打脸"的事情。学习院附属幼儿园的工作人员说："纪子妃以要让悠仁亲王尽可能地跟同年代的孩子多接触为由，选择了御茶水大学附属幼儿园，而且事前完全没有通知学习院，我们可是做好了迎接亲王的准备。"

学习院大学助教说："我觉得，佳子亲王退学的主要原因之一，是因为学习院大学的教育内容跟不上时代。在最近50年间都没有设立过新的学科，所以年轻的皇族子弟感觉不到学习院的魅力，也不是没有道理的。"

对于佳子的退学决定，秋筱宫夫妇并没有表示反对。或许，同为学习院出身的前辈，他们更清楚学习院一成不变的教育模式，也看到了学习院的极限。

还有日本皇室向记者透露，"其实，佳子亲王在高考时，就有报考过国际基督教大学。在学习院大学专攻教育学，并不是她的第一志愿。或许是通过在学习院的实际学习，令她感觉还是不能放弃理想，所以决定重新开始吧"。

也有皇室工作人员认为："佳子的退学，跟姐姐真子有关。真子在两年前成人后就开始作为青年皇族积极履行公务，9月17日又从日本出发，前往英国留学，计划取得博物馆学的硕士学位。真子一边履行皇族义务，一边为个人理想而努力的姿态，刺激也鼓励了佳子，让她敢于选择与勇于追求。"该工作人员还透露，真子曾说过："她和佳子不仅是姐妹，更是最好的知己。"

在变换的时代潮流里，日本青年皇族们正在努力摸索自己的定位。而明治天皇亲临开校式的学习院，已经被作为旧日产物，和日本皇室进入了"绝缘"状态。

皇孙女爱子在中学大闹"公主病"

2014 年 4 月，日本皇太子德仁和雅子妃的独子——小公主爱子好不容易克服了"厌学症"，由小学生升为中学生。但日本国民还没高兴上几天，爱子就又旧态复萌，从其父皇太子德仁去瑞士出差的 6 月 17 日开始，连续多天迟到、旷课。

对此，东宫大夫小町恭士在 6 月 27 日的记者会见上为爱子辩解，说她又开始旷课的理由"可能是到了一个新环境，有些累了"。

其实，爱子的"厌学症"，从幼儿园时就开始了。在两年的幼儿园生活中，她无故旷课的天数加在一起有 30 多天。

前东宫大夫透露，爱子成为旷课"惯犯"，和皇太子夫妇的教育方针有关，这对夫妇采用的是"不批评教育"，哪怕爱子不愿出席明仁天皇的生日宴会，雅子妃也不强迫，宁可花上三小时说服爱子，而让天皇也一直等她们母女三小时。

在爱子的生日记者会上，也曾有皇室担当记者问皇太子平时是如何教育爱子的，皇太子则完整地背诵了美国家庭教育学家多萝西·劳·诺尔蒂（Dorothy Law Nolte）的一首诗。"批评中长大的孩子，责难他人。敌意中长大的孩子，喜欢吵架……称赞中长大的孩子，懂得感恩。认可中长大的孩子，喜欢自己……所以，要让孩子在称赞中长大。"简单一句话，皇太子是舍不得在女儿屁股上打一巴掌的。而当年他小的时候，现在的美智子皇后还是毫不吝啬地打屁股的。现在，爱子感不感恩不知道，但任性却是真的。

好不容易把爱子送进初中，终于可以缓口气的学习院小学老师透露，他在跟爱子了解旷课原因的时候，爱子曾回答他："我就是讨厌学校的老师，因为他们都不肯听我的话。"

该老师有一次在走廊里被爱子撞到，于是像对待其他学生一样，要求爱子为自己的行为道歉。"你撞到人了，要道歉啊。"但爱子就是一言不发，瞪了老师一眼就走开了。有一对从不批评她的父母，以及一批言听计从的侍从，小公主爱子从来意识不到自己的错误。

"看到爱子公主在中学的现状，就让我想起她在读小学时，让所有老师和学生都根据她的时间来安排的情况。现在，估计学习院女子初中也要变成那样了。"当年，为了迎合小公主，学习院小学改变了长期以来的传统，破例同意雅子妃陪爱子一起上课，还一起去山中湖参加校外学习等。

另一位学习院女子初中的老师透露，明仁天皇的小女儿清子公主当年在学习院女子初中上学期间，完全是和其他学生一样，没有任何皇族的特别待遇。"在公主入校时，校方就跟两陛下说过不会给予特殊照顾，两陛下也表示赞同。在我的记忆里，清子公主从来没有迟到过一次。"

对于爱子做旷课"惯犯"的表现，日本天皇夫妇并非全不知情。皇后就曾对前东宫大夫说过："东宫人员和雅子妃的主治医生都应该进行一次大胆的改革。"

网上常说那些任性耍脾气的女孩是"没有公主命，却有公主病"。但是，这有公主命的女孩子耍起脾气来，也是挺要命的。

未来天皇缘何不接受帝王教育

日本天皇家的孩子，因其特殊的出身，一举一动都备受关注。无论做什么，都容易被过度解读，并赋予一种特殊的意义。

在日本皇太子德仁的独生女儿——爱子小公主好不容易克服了"厌学症"的眼下，日本的媒体和民众又开始担心二皇子文仁的儿子、未来的天皇悠仁的教育问题。

与其他皇室成员不同，悠仁读的，不是为华族、皇族专设的教育机构——日本学习院的附属小学，而是御茶水女子大学的附属小学，成为战后不进学习院的日本皇族"第一号"。

御茶水女子大学的附属小学，是日本文部科学省指定的"研究开发学校"，也就是中国许多大城市里面也有的"实验小学"。

该小学特征鲜明，就连课程的叫法都跟其他小学不同。比如把"国语"课，叫做"语言"课，把"理科"课叫做"自然"课，把"社会"课叫做"市民"课等，采用的是即便在欧美国家也很具先驱性的教育模式——"公民权责教育"。

正是这"公民"两个字，刺激着日本宫内厅和日本保守人士的敏感神经。据日本作家佐藤优介绍："在日本，公民和国民是相对的，'公民权责教育'，意味着是从批评国家、批评社会的角度培养公民的权责意识。这种教育，和作为天皇应该接受的'帝王教育'是相冲突的。"

不仅如此，该校还从低年级开始，培养学生的参政意识和议政能力。在韩国独岛（日本称竹岛）问题闹得沸沸扬扬的2013年，该校就在公开课上，让小学生参考《日韩渔业协定》，和所谓的"竹岛日"等，一起探讨今后该如何更好地构筑日韩关系。

这种先驱性教育，与日本学习院所采用的教育方式截然相反。用原学习院小学校长川岛优的话说，就是"学习院的传统在于踏实地学习，这个传统自明治以来从没变过，为的就是不让孩子们被本能牵着走。"

那么，日本二皇子文仁和纪子妃为什么执意要破坏皇室传统，让悠仁到"实验小学"读书呢？

原因之一，是文仁夫妇不信任学习院。在爱子小公主的厌学、逃课事件曝光后，东宫大夫曾和学习院院长波多野敬雄共同商谈决定，对外就说是"因为有粗暴的学生，导致爱子受惊吓，产生厌学情绪"。但后来波多野院长在接受《朝日周刊》的采访时却"拆墙",说爱子厌学、逃课的毛病,"不应该由校方来纠正,而应该由家长来纠正"。这就等于把皇室给出卖了。

原因之二,是纪子妃的父亲、学习院大学名誉教授川岛辰彦和学习院院长波多野敬雄之间有摩擦,关系不和。据日本学习院内部人士透露,纪子妃的父亲川岛辰彦长达12年,坚持推动日本大学生和泰国大学生间的海外公益合作活动,在其快要退休之际,波多野院长曾承诺,会让其他教授继承并持续开展这个活动。但后来大学没有给该活动开出足够的预算,所以川岛教授不得不靠社会捐赠的方式维持活动。波多野院长等于是不守信用。而且,川岛教授直到退休,也没能成为系主任。

当然,波多野院长否认了不和之说。他称:"我和川岛教授关系不错,经常到彼此的研究室'串门',他没能当上系主任,是教授会的投票结果决定的,和我个人完全没有关系。"川岛教授则没有承认也没有否认,只说"这是大学内部的事情"。

御茶水女子大学的附属小学,为了欢迎悠仁的到来,时隔50年维修了游泳池等,在悠仁的教育问题上,也经常和纪子妃商量。看来,悠仁是不大可能转校进日本学习院了。

日本皇室传统文化专家、京都产业大学名誉教授所功教授说:"御茶水小学在日本对学生们进行先驱性教育,是件有意义的事情。但要验证其教育成果，至少还需要 10 年以上的时间。让未来的天皇接受这种还处在实验阶段的教育方式，究竟是不妥当。天皇曾说过，皇室'要在重视传统的同时，和国民共同前进。'正是这句话赢得了国民的心。但悠仁却接受的是非传统的，最尖端的东西，这似乎偏离了国民的期待和想法。"

一个意大利名包引发日本皇室骚动

2013年8月30日，在栃木县那须御用邸过暑假的日本太子妃雅子和小公主爱子等一行15人，前往那须动物王国"与民同乐"，引发了一场不小的社会骚动。

什么骚动呢？当天现场围观的群众是这样"证言"的。据有幸在那须动物王国里邂逅雅子一行的游客母女说："爱子小公主带了几个朋友一起来，他们从上午11点一直玩到下午6点半，在体验骑马的时候还和朋友们相互拍照。令人不敢相信的是，还是个小孩子的爱子公主，手上居然拿了个大大的名牌包——古奇。她一只手挎包，一只手牵着朋友的妹妹。天气那么热，雅子妃的兴致却很高，完全不像报道里说的那样，什么不能进行正常公务的样子。"

同日，爱子还带朋友们去看了鸟类专场表演。一同欣赏了鸟类表演的游客说："爱子小公主是在表演开始15分钟后进来的，公主和一个戴眼镜的男生一起牵着一个看上去像是朋友的妹妹的小姑娘进场。公主时不时地就碰碰眼镜男生的胳膊，我们这些一般老百姓都在小声猜测，那是不是爱子公主的小男朋友啊。"

"爱子公主看表演中间，频繁的从包里掏出手机玩。那个眼镜男生上台做互动活动时，公主还不停地用手机拍照。我一看那个装手机的小包包啊，上面全是英文字母G，那不是意大利的古奇牌嘛。小学生拿古奇包包逛动物园，真是头回看见。"

在日本，皇室成员穿戴或使用明显的带有品牌特征的东西，这种事本身就极为少见，更何况是一个还在读小学的女孩子。很快，爱子手拿古奇包的照片，就上了日本《信使周刊》。

据银座的古奇旗舰店店员透露，在爱子公主的照片上了杂志以后，店里接到很多顾客打来的咨询电话，打听公主拿的那款多少钱。事实上，爱子公主选的那款GG图案的古奇包，是古奇儿童系列里的新产品，价格在4万日元左右，专门设计给10到12岁孩子的。纯正的意大利制造。

对于爱子的奢侈品嗜好，反应最为强烈的，是学习院小学的学生家长们。

女儿是爱子同级生的一个学生家长说："作为小学生，就买意大利名品使用，这挺不能理解的。但我认为，问题不在于是不是小学生，而是使用奢侈品这件事，是违背学习院校训的。战前的学习院院长乃木希典就定下了规矩，'应以简朴为宗旨'。"

在学习院读书的孩子，家长都是日本社会里的富裕阶层和所谓的上流阶层，但从这些家长身上，你是看不到任何明显的品牌标志的。

一位来接孩子的家长不无骄傲地说："学习院出身的家长和学生，都反对追求奢侈的风气。使用那种一眼就能看出是古奇的，满是英文字母的东西，在我们看来，就是没有品位的表现。"

学习院中学的一位家长也表示："学习院从明治时期开始，就注重平等意识，不将皇族学生和一般学生区别对待。皇族和华族喜欢把孩子送到学习院，也是因为这里的环境能让孩子正常成长。这是学习院的校风啊。"

比起学习院的家长们，街头一般民众的反应稍稍"宽容"。有的认为，"皇室成员嘛，和一般不一样，选用奢侈品也没什么不可以的。雅子妃的事情，有什么我都不觉得奇怪的。"也有的认为，"为什么要挑选外国品牌呢？为什么不将目光多投向本土产品呢？"还有的表示，"皇室，就应当是国民的典范。雅子妃母女有典范的样子吗？外国人看了也得笑话吧"。

日本纪实文学作家、儿童问题评论家石川结贵在接受采访时，也表示了担心，"在眼下的日本社会里，做父母最大的不安，就是金钱问题，从孩子一出生，他们就要背负着一笔隐形的巨额贷款。英国凯特王妃穿的连衣裙，折合日元才几千块，但同样能引起国民们跟风购买。从舆论、身份，特别是从教育方面考虑，（雅子母女）都有必要学着走平民路线。"

明仁，是在《人间宣言》发表后诞生的第一位象征性天皇，一家子都要依赖国民税金生活。因此，明仁与美智子将凡事从简定为皇室生活准则。明仁的女儿清子在未出嫁时，还经常穿美智子的"二手衣服"。德仁25岁那年，曾有记者问选妃的条件是什么？他回答，"希望能找到一位金钱观和自己相同的人。如果她是个一到纽约，就要去蒂凡尼店买这个那个的人，那就太不适合了。"

而雅子，真是他的理想女性吗？作为日本未来的皇后，却让读小学六年级的女儿拿意大利名包招摇，日本国民的复杂心情可想而知了。

皇孙女学校受欺要到海外留学

　　日本的女性周刊杂志，实际上都是八卦杂志。2010年，《女性 SEBUN》周刊爆出新料——日本皇孙女爱子将要到海外留学，她的妈妈、皇太子妃雅子有可能一起前往。据说，日本皇室宫内厅、外务省以及皇孙女爱子所就读的学习院初等科（小学）都已经为此进行了多次讨论。

　　今年年初，日本皇孙女爱子因为在学校受到一个男同学的欺负而不愿意上学了。这种"犯上作乱"的事情因为是发生在现代民主社会的日本，天皇不仅不能"皇威大怒"，还要表示"不要牵扯到其他孩子"；学校方面则是一再解释，除了给那个欺负爱子的男学生调一个班以外，就没有什么举措了。现在，皇太子妃雅子几乎是每天都陪着女儿去上学，还时常要在教室里面露上一面。结果，学校里面的学生、老师乃至家长们都感到紧张，还有的就是一种精神疲惫了。

　　这种状况究竟要持续多久呢？谁也说不清楚。时至今日，爱子与同学的关系还不融洽，她的妈妈也放心不下，就这样持续着迎来送往的局面。一位家长介绍了自己的"目击记"：7月6日下午1点30分左右，在学校正门边的小门处看见了放学后的爱子。她旁边紧跟着她的母亲雅子，两人一起上了迎接她们的车子。让人吃惊的是，有三四位教师紧紧地围住她们送行。她们上车的时候，老师们都垂下头深深地鞠躬，好像比以前更紧张了。

7月23日前后，日本各个学校将举行结业式，然后就要进入暑假了。据了解，这个暑假，爱子和日本皇太子夫妻将去位于长野县的轻井泽避暑胜地度假。就在这时，传出了爱子将到"海外留学"的计划。而留学候选地是英国、澳大利亚、加拿大、瑞士。

为什么一下子会有这么多留学候选地呢？据知情人介绍说，日本皇室还是比较倾向于让爱子到英国留学的，因为她的父亲皇太子就是留学英国牛津大学的。但是，"9·11"恐怖活动后，英国作为美国的盟友，先后参加了阿富汗战争、伊拉克战争，它已经成为恐怖主义分子瞄准的对象，国家的安全度大大降低了。这样才出现了澳大利亚、加拿大、瑞士这些候选地。

除去安全问题，还有留学经费的预算问题。与皇室高圆宫亲王的长女承子出国留学不同，皇孙女爱子如果出国留学的话，除了侍从人员以外，还需要警备人员。这需要大笔的费用，仅仅靠"内廷费"——日本天皇家的私费是不够的。

　　由于日本皇室本年度的预算已经决定，要挤出新的费用话，就需要外务省带头，再从日本政府各个省厅中筹措了。这也不是一件容易的事情。

　　让8岁的爱子出国留学，她的母亲雅子肯定是不放心的。这样，雅子与女儿同行的可能性就出现了。问题的关键是，爱子到海外留学后，她的精神状态能否恢复到从前？她那具有抑郁症而几乎不能参加公务活动的母亲雅子是否能够恢复到从前？这些，都是未知数。如果她们在海外出现了意外，那日本皇室的变化就不是简单可以用"异变"两个字来形容的了。

皇孙女在校受欺的标志性意义

　　孩子在学校受欺负后不愿意上学，这是日本小学里面经常发生的"强欺弱"的事情。出人意料的是，这种事情如今正发生在日本 8 岁的皇孙女爱子的身上。这是日本皇室史上从来没有发生过的事情。

　　事情是这样的。2010 年 3 月 5 日，负责管理有关皇太子事务的日本宫内厅东宫大夫野村一成在例行记者会上称皇孙女爱子在学习院小学两年级上学时，"对同年级几名男生的粗野举动，有很强的不安感，最近时常为此肚子痛"，从 3 月初开始就几乎无法上学了。

　　野村一成做出上述发言后，学习院小学方面也举办了紧急记者会。学校常务理事东园基政说："3 月 2 日放学后，爱子与从教室中飞奔出来的男生擦肩而过，觉得很可怕。可能是想起过去有几个男生做出过扔东西等粗野行为，所以感到不安。"他同时辩解性地表示："没有直接以爱子为对象的暴力行为。"

爱子在学习院小学受到欺负，要由日本皇宫的宫内厅东宫大夫来宣布，本身就说明事态的严重已经到了一定的程度。但是，学校方面并没有积极的配合态度，反而公开作出辩解，也说明这所皇族小学已经不把皇宫放在眼里了。

其后，3月8日，爱子在时隔5天后重返学习院小学上课。宫内厅透露，爱子在妈妈、皇太子妃雅子的陪同下只上了第4节国语课。雅子也在教室里面旁听，结束后两人一起返回皇宫。此后又是多天没有上学。到这个时候，学习院小学迫于压力才不得不对外承认从2009年7月开始就不断出现同年级不同班级的几名男生向爱子等人扔书包等粗野行为，校方采取了增加教师数量等措施后，11月事态得到平息。但是，爱子3月2日放学后与在走廊上嬉闹的男生擦肩而过时感到不安，学校表示"也许是因为想起以前遭受过的粗野行为而害怕"。这实际上就是说，学习院小学学生欺负皇孙女爱子确有其事。

皇孙女爱子在学习院小学受欺事件可以看作是日本社会发生的一个标志性的事件。首先，它是日本皇族进一步"平民化"的一个标志。日本学习院小学是历史悠久的皇族学校，日本当今的明仁天皇、皇太子、皇次子等皇族都是从这所学校毕业的。这所学校的学生原本应该是一种"伴读"，是"陪皇子读书"的。但是，自从明仁天皇作为皇太子时迎娶了平民皇太子妃美智子，美智子就致力于改造这所学校。她每次到学校参加活动的时候，绝对不进"皇族休息室"，并且多次对学校提出不要对皇太子、皇次子进行特殊教育的要求。皇次子在学校虐待小动物的事情被学校老师告诉美智子后，美智子毫不客气地打了儿子一顿屁股。美智子这种致力学校从"皇族化"到"平民化"的努力，应该说是见了成效。这次皇孙女受欺事件也是其成效之一。为什么其他小学生在学校可以受欺负，皇孙女就不能受欺负呢！

其次，它是日本社会"强欺弱"现象日渐普遍的一个标志。以大欺小、以强欺弱，是日本小学里面普遍存在、久禁不绝的一种现象。有人曾从日本文化角度进行分析，有人曾从社会学、家庭学、教育学角度进行破解，日本教育部门也曾采取多种举措，但都收效不大。现在，这种现象居然渗透、发生在皇族小学校里，说明它已经成为一个"不治之症"。

再次，它是日本皇室威信持续下降的一个标志。学校在发生这种事情之后，没有主动向皇室里面的"家长"报告，也没有主动向媒体透露，同时还对皇官的指责进行辩解，说明学校已经不把皇官放在眼里了。其实，对日本皇室社会地位的变化，日本皇太子早就有所察觉了，2010年2月23日，皇太子在迎来50岁生日的官内记者会上，就发表感言称："正如每个时代都会有新潮流一样，皇室制度也随着每个时代在不断变化。我希望在从过去学习各种经验的同时，追求将来皇室应有的形式。" 3月19日，日本宫内厅东官大夫野村一成又在例行记者会上就皇孙女爱子受欺事件发表了皇太子夫妇的看法，他们称"爱子的缺席让国民担心了，我们也感到非常心痛"。这其中也隐含了许多无奈。

所有这些，都意味皇孙女受欺事件已经成为日本社会的一个标志性事件，日本社会今后的走向很可能也会受到这个事件的影响。

从日本校园电影《垫底辣妹》说起

《天使与魔鬼：日本教育面面观》这本书付梓前夕，上海交通大学出版社的美女编辑让我再看看清样，并问我是否还要写一个后记？当时，我就想，如果中国各地的出版社都多一些这样善解人意细致用心的美女编辑，中国每天的图书出版量还要翻着跟头往上涨的。

其实，接到这本书的清样的时候，是我刚刚在北京参加了中央电视台6频道"佳片有约"专栏节目制作后返回东京的日子。众所周知的原因，这个专栏从2012年9月后，就再也没有介绍过日本电影。这次，是时隔将近5年之后，第一次介绍日本电影，而且是一部校园电影，名字叫《垫底辣妹》。我看后感触颇深，权且把"吐槽"当作"后记"。

其实，看到这部电影的名字，就会有很多联想。在一个学校，说到"垫底"，几乎就是"学渣"的代名词；谈到"辣妹"，那一定就是不折不扣的"不良少女"，或者叫"问题少女"。

这样的学生，在一些老师看来，就是"魔鬼"。

但是，我始终相信，"辣妹"大概没有天生的。影片中的"辣妹"工藤沙耶加（有村架纯 饰）有着奇特的经历。通常来说，一个人的顺利成长，离不开良好的家庭教育和学校教育。反之，一个人或者家庭教育出了问题，或者学校教育出了问题，都容易让自己这棵小树长歪。工藤沙耶加似乎比一般少女更加不幸，她不是"家庭教育"或者"学校教育"一方面出了问题，而是两个方面都出现了问题。在家里，父亲重男轻女，一心一意要把儿子培养成专业棒球手，不惜给予物质上和精神上的种种鼓励，对工藤沙耶加和妹妹则不闻不问，冷漠至极。处于青春反抗期的工藤沙耶加也不示弱，从来都是直言直语地把爸爸叫作"臭老头"的。在学校，老师也看不起工藤沙耶加，直接把她叫作"垃圾"。一般人在学校如果被如此称呼，大概会直奔校长室的，但工藤沙耶加的反应是让裙子越穿越短，直接露出"绝对领域"；把头发越染越黄，丝毫不逊色于欧美女生。一个年轻人，能够在双重歧视下生存下来已经实属不易，如果再要求她在双重歧视下健康成长，那简直就是一种苛责。因此，我同情并且理解工藤沙耶加是怎样成为"辣妹"的，她的"垫底"理所当然。

逆袭出现了。按照日本特有的对学生学习力的考核——也就是"偏差值"，工藤沙耶加只有30。因为"偏差值"

是日本特有的，我们也就没有必要深入了解，只要知道一个日本高中生如果是"偏差值"50，意味着她就可以考入大学；如果"偏差值"是80，就意味着她这个"学霸"在对"学渣"说："你给我跪下！"如果"偏差值"30，就意味着她只有小学四年级水平，好像在说："还玩儿吗？"工藤沙耶加就是后者。

遭受了"双重歧视"的工藤沙耶加，不幸中有万幸，而这万幸同样来自于家庭和一所补校。她的妈妈（吉田羊 饰）相信女儿，甚至有些溺爱，她相信"这孩子是想做到就能做到的孩子"，她溺爱到看着女儿穿着露出"绝对领域"的超短裙时，也只是温和地问："是不是太短了一点？"重要的是，她因为女儿问题多多，不知多少次被叫到学校接受老师的训斥，但她回家并没有对女儿实行打屁股等暴力教育；她像"孟母三迁"一样，不断地给女儿调换着学校，最后选定一家补校。当她知道女儿已经立志要报考日本私立"双雄"之一的庆应义塾大学而交不起昂贵的补习费用的时候，不惜解除定期保险金，不惜自己外出加时打工，不惜在女儿遭遇挫折的时候与其一起泪水长流，用讲女儿童年故事的方式激励她做人生的再出发。

更加令人欣慰的是，工藤沙耶加在补校遇到了坪田（伊藤淳史 饰）老师。他具有特殊的"魔法"，不是批评，而是鼓励，针对每个学生不同的兴趣和爱好展开话题进行讨论。

每当和工藤沙耶加相谈之欢时，坪田老师的肢体行为就是与她击掌而呼；每当工藤沙耶加显出知识上的薄弱时，他给予的不是讽刺和轻视，而是十分幽默地说"你能够错成这样也是很了不起的"；每当工藤沙耶加有了进步的时候，他都是在鼓励之后拿出新的书籍，给她树立起更高的目标。

这部校园电影中没有大段大段说教性的对白，有的是目不暇接的一个又一个细节。而这种细节不是那种一看就是编造出来的，而是随眼可见、触手可摸、实实在在存在的细节。

很多人看重影片工藤沙耶加努力之后的"屌丝逆袭"，从"学渣"走进名流高校——庆应义塾大学，从"魔鬼"成为"天使"，因而发出了"有志者，事竟成"的呼声。我则更看重一个人成长的外部环境，深感家庭教育和学校教育的重要性。这部校园电影再次告诉我们："成也萧何，败也萧何"，工藤沙耶加成为"垫底的辣妹"，源于不幸的家庭教育和学校教育；工藤沙耶加成功"逆袭"，也源于家庭教育和学校教育。这样说，看起来有些矛盾，而这个世界上的许多事情本身就不是按照剧本发展而是在矛盾中前行的。

善于挖掘校园题材的日本导演们，并不把"立志"与"励志"作为重点，而是在把这个过程掰开了揉碎了上狠下功夫，让人在泪水中与银屏同行，离开银屏时似乎也找到了人生的方向。这样的校园影片，才有味道。

当然，回归到本书的题目，不仅日本教育界存在着"天使"

与"魔鬼"的两面，一个人也是可以在"魔鬼"和"天使"之间互换的，其转换器仍然是——教育。

蒋　丰

2017 年 5 月 8 日于东京